컬처마이닝

CULTURE MINING

이준서 저

박문사

머리말

4차산업혁명(IR 4.0), 데이터경제시대(Data-driven Economy), 21세기의 원유(oil of the 21st century) 등 거창한 화두를 나열하지 않더라도, 소셜커머스, 공유경제, 온라인/모바일 쇼핑, 카네비게이션 등 우리들이 늘상 이용하고 있는 각종 공유경제 서비스 및 SNS 기반 플랫폼만 머릿속에 떠올려 보아도 빅데이터 시대가 성큼 다가왔다는 것을 실감할 수 있을 것이다. 이제 논리성, 합리성이 담보된 데이터 기반의 의사결정은 비즈니스의 세계에서뿐만 아니라, 우리들이 순간순간 맞닥뜨리는 일상에서의 다양한 선택의 기로에서 친숙한 판단 근거로 활용되고 있다. 바로 지금 당장에 먹을 배달음식을 주문할 때에도, 가정의 TV에 연결되어 있는 넷플릭스 영화 한 편을 선택할 때에도, 스마트폰으로 곧 떨어질 것 같은 생수를 구입할 때에도, 감상, 소감, 의견 등 소비자들이 남기는 데이터는 우리들의 의사결정에 있어서 결정적인 근거로 작용하고 있는 것이다.

물질적으로 풍족한 시대를 향유하고 있다. 언제든지 먹고 싶은 것을 골라먹을 수 있고, 손 안의 휴대폰만 가지고도 '원터치(one touch)'로 전세계의 모든 것을 손에 넣을 수 있다. 과거에 질 좋은 물건만 만들어 시장에 내놓으면 팔리던 공급자 주도의 시대는 이미 지나갔고, 아무리 싸게 좋은 물건을 시장에 내놓더라도 소비자의 선택권이 무궁무진해진 지금, 끊임없는 소비자와의 소통을 통하여 소비자의 니즈와 감성을 순시 파악하여 대응할 수 있는 기업만이 살아남는 빅데이터 시대가 도래한 것이다.

SNS의 급부상과 함께 다양한 공간에서 다양한 주제를 둘러싼 소통이 실시간으로 이어지고 있어, 기업 입장에서는 고객의 아이디어와 의견(opinion)을 수집할 수 있는 창구가 무한대로 열려 있다고 할 수 있다. 실제로 SNS를 고객과의 쌍방향 소통 채널로 적극적으로 활용하여 현재 및 잠재 고객과의 관계를 강화하고, 기업 활동을 위한 집단지성(collective intelligence)의 발원지로 삼고 있는 기업도 다수 존재한다.

초연결(hyper-connectivity), 초경계(hyper-intelligence), 초융합(hyper-convergence)

으로 대표되는 4차 산업혁명과 함께 다(多)문화/이(異)문화/다(多)언어 사회로의 진입이 급속도로 진행되고 있다. 빅데이터의 규모도 테라바이트(terabyte) 혹은 페타바이트(petabyte) 이상의 어마어마한 단위로 급증하고(Volume), 보다 다양한 종류와 형태의 데이터(Variety)가 상상을 초월하는 속도(velocity)로 축적되고 있다. 이상의 3V의 특성을 지닌 빅데이터가 창출할 것으로 예상되던 경제적 부가가치가 소비자 및 생산자 모두에게 유익한 방향으로 현실 세계에서 구체화되고 있다. 빅데이터는 소비자나 생산자 모두에게 필요불가결한 4차 산업혁명 시대에 있어서 또 하나의 '문명의 이기(利器)'로 자리잡은 것이다.

본서는 국경을 초월하여 기하급수적으로 쌓여나가고 있는 빅데이터 속에서, 광활한 패키지 생태계와 무한한 자유도를 자랑하는 통계분석 툴(tool), R을 활용한 데이터 분석을 통하여, 보다 더 풍부한 부가가치와 지식정보를 찾아내는 방안으로 독자적인 분석기법인 '컬처마이닝(culture mining)'을 제안한다.

기존의 빅데이터 분석방식이 특정 언어권에 국한된 데이터에 기반한 것이었다고 한다면, 본서의 컬처마이닝은 다언어에 기반해 서로 다른 문화권과의 비교와 대조를 통하여, 차별화된 문화요소(cultural element)를 발견해냄으로써, 이를 활용한 다양한 부가가치(value)와 유용한 지식정보(insight)를 얻어낼 수 있을 것으로 기대한다.

목차

제1장

R & 컬처마이닝

빅데이터, 인공지능(AI), 블록체인 등 각종 데이터 기반의 첨단 기술들이 우리 주변의 실생활에 깊숙히 침투하고 있다. 소셜커머스, 공유경제, 온라인/모바일 쇼핑, 카네비게이션 등 우리들이 늘상 접하고 있는 각종 서비스들이 바로 데이터에 기반한 것이라고 할 수 있는데, 하드웨어 및 컴퓨팅 기술의 획기적인 발전 속도를 고려하면 그 응용 영역의 급속한 확대와 함께, 향후 지식정보사회를 선도해 나갈 부가가치 창출의 원천이라고 할 수 있어 사회적, 산업적 측면에서 이에 대한 활용성이 점차 구체화되고 있다.

우리나라에서도 개인정보 보호법, 신용정보 보호법, 정보통신망법 등 데이터 3법이 국회를 통과함으로써 4차 산업혁명 시대의 원유라고 할 수 있는 빅데이터를 적극적으로 활용할 수 있는 근거가 마련되어, 데이터 간 융합과 활용을 통한 적극적인 연구와 각종 서비스 개발이 가능해졌다.

https://www.data.go.kr

그림 1 대한민국 정부에서 제공하는 공공데이터 서비스 종류

특히 정보통신기술의 눈부신 발달로 물리적인 국경을 초월해 광범위한 빅데이터와 접목된 각종 서비스들이 경제적 부가가치의 창출과 함께 글로벌 비즈니스모델로 전개되고 있다. 아날로그, 오프라인 세계에서 디지털, 온라인 시대로 급변한 작금, 데이터를 제대로 활용하지 못하는 기업들은 국경을 초월한 글로벌 비즈니스 경쟁에서 살아남기 힘들게 되었다. 세계화 글로벌화된 시대에 국경의 의미가 퇴색된지 이미 오래되었고, 기존의 아날로그 중심의 비즈니스는 디지털 플랫폼 기반의 비즈니스에 종속되거나, 심지어 디지털 플랫폼에 의해 운명을 맞이하고 있다.

그림 2 프로슈머란?

앨빈 토플러(Alvin Toffler), 마셜 매클루언(Marshall McLuhan) 등의 세계적인 석학들이 예견했듯이, 3D 프린팅, 1인 미디어 방송, 크라우드 펀딩 등 제조, 마케팅, 금융 등 다양한 분야에서 소비자(consumer)와 공급자(producer)의 경계가 무너졌고, 단순히 생산된 제품을 사용하던 소비자가 제품의 생산과정에도 직접 참입할 수 있는 '프로슈머'(prosumer: producer + consumer)가 급증하고 있다. 스마트폰의 급속한 보급과 트위터, 페이스북, 카카오톡, 인스타그램 등 SNS 기반의 다양한 방식의 상호작용적인 커뮤니케이션 채널의 발달로, 기존의 대량생산된 규격화된 제품 수요에서 개인의 개성과 취향을 중시하는 소비자 주도의 맞춤형 소비문화로 급변하고 있는 것이다. 글로벌 비즈니스 활동을 수행하는 기업체의 입장에서도, 기존에 자사가 보유하고 있는 판매 데이터에 의존한 의사결정보다는 국경을 초월하여 생성되는 '검색', '후기' 등 실제 고객이 남기는 데이터를 중시한 의사결정 체계로 전환되고 있다. 결국 데이터 분석을 통한 고객 맞춤형 서비스를 끊임없이 추구하는 기업만이 살아남을 수 있는 빅데이터 시대를 맞이한 것이다.

컬처마이닝

  초연결(hyper-connectivity), 초경계(hyper-intelligence), 초융합(hyper-convergence)으로 대표되는 4차 산업혁명과 함께 전 세계는 다(多)문화/이(異)문화/다(多)언어 사회로의 진입이 급속도로 진행되고 있다. 이에 빅데이터의 규모도 테라바이트(terabyte) 혹은 페타바이트(petabyte) 이상의 어마어마한 단위로 급증하고(Volume), 보다 다양한 종류와 형태의 데이터(Variety)가 상상을 초월하는 속도(velocity)로 축적되고 있다. '21세기의 원유(oil of the 21st century)', '데이터경제시대(Data-driven Economy)'로 표현되는 빅데이터가 창출할 것으로 예상되던 경제적 부가가치가 실제로 현실 세계에서 구현화되고 있는 것이다.

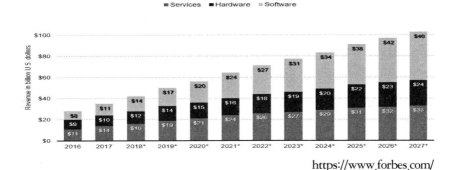

https://www.forbes.com/

그림 3 빅데이터의 세계시장 규모 예측(단위: 10억 달러)

  본서는 초연결, 초경계, 초융합된 다문화/이문화/다언어 사회에서 기하급수적으로 쌓여나가고 있는 빅데이터 속에서 보다 더 풍부한 부가가치(value)와 데이터 분석을 통한 지식정보(insight)를 찾아내는 방안으로 컬처마이닝(Culture-Mining) 기법을 제안한다.

Culture Mining is the process of finding useful or interesting 'cultural elements' –life styles, patterns, fashions, trends, models, beliefs, rules, frames etc.- of a specific region or a generation from unstructured text, various image sets by comparing different languages and cultures.

컬처 마이닝이란 인간의 문화를 표현하고 있는 다양한 미디어(텍스트, 이미지, 동영상 등)를 분석하여 언어/지역/성별/세대별 문화를 구성하는 문화 요소와 그들간의 관계를 발견해가는 과정이다.

출원번호: 40-2020-0207048

원소스, 멀티유즈(One Source Multi Use), 즉 하나의 매체가 여러 유형으로 그대로 활용 가능한 문화콘텐츠 산업만 떠올려 보더라도, 그 파생력과 파급력은 제조업 및 서비스업 등 관련 산업의 성장을 견인해 고부가가치를 창출하는 비즈니스 구조를 만들어내고 있다. 우리나라의 경우도 한류 드라마, K-pop 등 우리의 문화콘텐츠가 글로벌 비지니스 영역을 확장해 나가 그 경제적 가치는 헤아릴 수 없을 정도가 되었다. 한 나라의 역사적, 정신적, 문화적 산물이 다른 나라에서도 더욱 더 빛을 발할 수 있는 글로벌화/세계화된 시대가 본격화된 것이다.

기존의 빅데이터 분석방식이 특정 언어권에 국한한 데이터에 기반한 것이었다고 한다면, 본서의 컬처마이닝은 다언어에 기반해 서로 다른 문화권과의 비교와 대조를 통하여, 보다 더 차별화된 문화요소(cultural element)를 발견해냄으로써, 이를 활용한 다양한 부가가치(value)와 유용한 지식정보(insight)를 얻어낼 수 있을 것으로 기대할 수 있다.

분석도구

그림 4 대표적인 데이터 분석툴

본서의 컬처마이닝을 위한 데이터 분석도구는 크게 유료 도구와 무료 도구로 나눌 수 있다.

대표적인 유료 분석도구의 하나인 SPSS(Statistical Package for Social Science)는 1969년 사회과학 분야의 데이터를 주된 분석 대상으로 하여 만들어 진 것으로, 2009년 IBM사가 인수하면서 IBM SPSS Statistics로 개명하였다. 현재 IBM SPSS Statistics 27버전이 가장 최신 버전으로 판매되고 있다.

유료 분석도구로 IBM SPSS Statistics와 쌍벽을 이루고 있는 SAS(Statistical Analysis System)는 1966년 미국의 노스캐롤라이나 주립대학(North Carolina State University, NCSU)에서 고안해낸 프로그램으로, 주로 농업 데이터를 대상으로 분석할 수 있도록 개발되었다. 현재 SAS 9.4 버전이 가장 최신 버전인데, IBM SPSS Statistics보다 더 고가인 제품이지만 포괄적인 통계분석이 가능하여 통계를 전문적으로 다루는 전문가들에게 선호되고 있다.

SPSS와 SAS가 고가의 비용을 지불해야하는 상업용 제품이기에, 데이터 분석에 바로 적용 가능한 다양한 'library'를 유지하고 보수해주는 등의 공식적인 기술 지원을 받을 수 있는 장점이 있지만, 데이터 처리용량의 한계, 그리고 제한적인 시각화(visualization) 등으로 경우에 따라서는 수십만, 수백만의 데이터로 이루어지는 데이터셋을 처리해야 하는 빅데이터 분석용으로는 다소 역부족이라고 할 수 있다.

　SPSS와 SAS와 달리 오픈 소스로 누구나 무료로 자유롭게 사용할 수 있는 분석툴이 바로 R과 Python이다. 초심자도 알기 쉬운 그래픽 사용자 인터페이스(GUI)를 사용하는 SPSS와 SAS와 달리 프로그래밍 언어를 구사해야하는 다소 높은 장벽이 존재하지만, 광활한 패키지 생태계와 자유도 등에서 상업용 SPSS와 SAS의 단점을 상쇄하는 큰 장점을 가지고 있다고 할 수 있다.

　본서에서는 보다 더 정교하고 다양한 통계적 비즈니스 분석에 적합하고, 방대한 정형 및 비정형 데이터의 추출, 변형 및 정제에 있어서도 사용상의 자유도가 매우 높은 R을 활용하여 컬처마이닝에 활용하고자 한다.

R 설치

　R은 공식 웹사이트(그림 5)에 접속하여 세계 각국의 미러사이트를 확인할 수 있는 CRAN(The Comprehensive R Archive Network)에서 무료로 다운로드할 수 있다. CRAN 페이지(그림 6)에는 각국의 미러사이트가 알파벳 순으로 나열되어 있는데, 이중에서 적절한 우리나라의 사이트에 접속하여 자신의 컴퓨터 환경에 맞는 R 설치 프로그램을 다운로드 받으면(그림 7, 그림 8) 안전하게 설치할 수 있다.

그림 5 R공식 웹사이트　　　　　그림 6 CRAN 미러사이트 일람

그림 7 R 다운로드　　　　　　　그림 8 윈도우버전 R

그림 9 설치후 기동된 R의 첫화면

R을 활용한 저자소개

　　설치된 R을 활용하여 간단하게 신문기사로부터 특정 주제(본서의 저자 및 소속)
와 관련하여 통계적으로 의미가 있는 개념이나 특성을 추출하고 이들간의 패턴이나
추세 등을 끌어내는 기본적인 텍스트마이닝(textmining)을 실행해보자.

1. 데이터 수집

분석에 필요한 데이터의 요건을 정의하고 데이터를 확보하는 단계이다. 본서의
저자와 관련한 정보에 적합한 데이터를 수집하기 위해서 '소속'과 '성명'으로 뉴스
검색을 통해 최근 데이터를 수집하였다.

그림 10 포털 기사검색

2. 데이터 전처리

데이터 전처리는 수집한 데이터에 존재할 수 있는 결측값이나 오류를 수정하거나
보완하는 단계라고 할 수 있다. R에는 이와 관련한 다양한 패키지와 함수가 제공되

고 있는데, 본서의 저자와 관련한 데이터는 비교적 정제된 형태의 뉴스기사이므로, 다음과 같이 간단한 데이터베이스 구조로 쉽게 정리할 수 있다.

일자	언론사	기고자	제목	분류1	분류2	분류3	인물	기관	키워드	본문	URL
20210204	중도일보	금상진 기자	대전하나시티	스포츠>축구	스포츠>축	스포츠>축	이진현,전	대구FC,충남기계	대전하나시티즌,	제주에서 구슬땀을 흘리고 있는 대전하나시티즌	http://www.joongdo.co.kr/web/view.php?key=20
20210204	아시아경제	박혜숙	인천TP, 콘텐	IT_과학>콘텐츠	IT_과학>과	경제>취업_	이준서,현	인천테크노파크(	인천TP,콘텐츠,기	[아시아경제 박혜숙 기자] 인천테크노파크(인천T	https://www.asiae.co.kr/article/20210204093446
20210129	중도일보	금상진 기자	대전하나시티	스포츠>축구>한	스포츠>축	스포츠>축	신상은	대전시티즌,추계	대전하나시티즌,	대전하나시티즌이 대학 고졸 신인 선수 등 팀의	http://www.joongdo.co.kr/web/view.php?key=20
20210128	대전일보	임용우	대전하나시티	스포츠>축구>한	스포츠>축	스포츠>축	김성수,전	청주FC,대전하나	대전하나시티즌,	대전하나시티즌이 28일 선수 4명을 영입하며 수	http://www.daejonilbo.com/news/newsitem.asp?
20210122	내일신문	장세풍	성결대,해외	경제>취업_창업	IT_과학>IT_과학일반		플레이아	대학일자리개발	성결대,해외취업,	성결대 대학일자리개발처(처장 이준서)가 해외취	http://www.naeil.com/news_view/?id_art=374705
20210112	한국경제	이동훈(leedh	대선급 부동	정치>선거	정치>국회_	NA	김진애,우	경영학과,민주당,	공약,대선급,부동	여야 서울시장 후보들이 오는 4월 선거를 앞두고	https://www.hankyung.com/politics/article/2021C
20201206	세계일보	서필웅	'전술가' 안익	스포츠>축구	스포츠>농	스포츠>월	김신진,안	U리그,국제사이	전술가,안익수,선	안익수 선문대 감독(맨 앞)이 5일 경북 김천종합	http://www.segye.com/content/html/2020/12/06,
20201204	경기일보	경기일보	코로나 속 사	사회>교육_시험	NA	NA	NA	구리경찰서,경기	코로나,사상,코로	코로나19 여파로 사상 첫 12월 수능이 치러지면	www.kyeonggi.com/news/articleView.html?idxno
20201122	아주경제	(안양) 박재천	성결대 대학	경제>취업_창업	IT_과학>인	NA	이준서	강남대,대학일자	성결대,대학,일자	성결대학교 전경.[사진=성결대 제공] 성결대학교	http://www.ajunews.com/view/20201122092443
20201120	아주경제	(안양) 박재천	성결대, 2020	지역>충남	IT_과학>인	지역>대전	최정열,이	교육혁신지원센	성결대,성결,FAIR,	[사진=성결대 제공] 성결대 교육혁신지원센터와	http://www.ajunews.com/view/20201120084603
20201107	아주경제	(안양) 박재천	성결대, 2020	경제>취업_창업	사회>사회	NA	이준서	대학일자리개발	성결대,청년,친화	[사진=성결대 제공] 성결대학교 대학일자리개발	http://www.ajunews.com/view/20201107090052
20201105	아주경제	(안양) 박재천	성결대, 제2호	경제>취업_창업	지역>광주	지역>대전	이준서	대학일자리개발	성결대,공동주최,	[사진=안양시 제공] 성결대학교 대학일자리개발	http://www.ajunews.com/view/20201105094701
20201030	아주경제	(안양) 박재천	성결대, 안양	지역>대전	경제>취업_	지역>충남	이준서	진로,근명고등학	성결대,안양,인근,	[사진=성결대 제공] 성결대학교 대학일자리개발	http://www.ajunews.com/view/20201030141356
20201019	아주경제	(안양) 박재천	성결대 대학	경제>취업_창업	국제>국제	NA	이준서	대학일자리개발	성결대,대학,일자	[사진=성결대 제공] 성결대학교 대학일자리개발	http://www.ajunews.com/view/20201019111947
20201016	내일신문	송현경	융합연구총괄	지역>충남	지역>대전	지역>충북	김기현,노	융합연구총괄센	융합연구총괄센	융합연구총괄센터는 지난 9월 전체 협의체 구성	http://www.naeil.com/news_view/?id_art=364641
20201007	아주경제	(안양) 박재천	성결대 대학	경제>취업_창업	IT_과학>모	NA	이준서	대학일자리개발	성결대,대학,일자	성결대학교 전경.[사진=성결대 제공] 성결대학교	http://www.ajunews.com/view/20201007194339
20201005	아주경제	(안양) 박재천	성결대, 여대	사회>여성	경제>취업_	NA	이준서	대학일자리개발	성결대,여대,특화,	[사진=성결대학교 제공] 성결대학교 대학일자리	http://www.ajunews.com/view/20201005200213
20200811	경기일보	황선학 기자	수원시 장안	스포츠>농구_배	스포츠>월	스포츠>올	이준서,최	장안구리틀야구	수원시,장안구,U-	수원 장안구리틀야구단이 2020 U-10 상반기 전국	www.kyeonggi.com/news/articleView.html?idxno
20200730	중부일보	정현	성결대, ㈜ 스	경제>취업_창업	지역>대전	지역>경기	이준서	대학일자리개발	성결대,스탭스,체	성결대학교 대학일자리개발처와 ㈜ 스탭스가 취	www.joongboo.com/news/articleView.html?idxnc
20200730	아주경제	(안양) 박재천	성결대, ㈜스	경제>취업_창업	지역>대전	지역>충남	이준서	진로,대학일자리	성결대,스탭스,취	[사진=성결대 제공] 성결대학교 대학일자리개발	http://www.ajunews.com/view/20200730150604
20200713	중부일보	김재우	경기도청 임	스포츠>올림픽_	스포츠>골	스포츠>월	임예진,최	송운중,경기체고,	경기도청,임예진,	임예진(경기도청)이 13일 열린 제49회 전국종별	www.joongboo.com/news/articleView.html?idxnc
20200630	아시아경제	이민지	[사모펀드의	경제>증권_증시	경제>금융_	경제>무역	이준서	라임자산운용,동	사모,펀드,부실,빙	[아시아경제 이민지 기자] 사모펀드 환매 중단에	http:www.asiae.co.kr/article/2020063011275299
20200624	세계일보	이동수	'과잉 경쟁 유	NA	NA	NA	이준서군,	경북,정부,고용노	유발,과잉,경쟁,손	정부가 학교 실적, 직업계고 학생 취업 등으로 인	http://www.segye.com/content/html/2020/06/24,
20200624	한국경제	배태웅(btu1C	고교생 죽음	사회>사회일반	NA	NA	김경엽	전국교직원노동	고교,죽음,내몬,대	정부가 고(故) 이준서 군 사망사고로 '과잉경쟁'	https://www.hankyung.com/society/article/20200
20200624	한국경제	배태웅(btu1C	기능경기대회	미분류	NA	NA	유은혜	정부,고용노동부,	기능경기대회,방	정부가 지난 4월 고(故) 이준서 군 사망사고로 '괴	https://www.hankyung.com/society/article/20200
20200624	머니투데이	세종=박경담	'살얼음판' 기	미분류	NA	NA	이재갑,이	정부,한국산업인	살얼음판,기능대	[머니투데이 세종=박경담 기자] 이재갑 고용노동	http://news.moneytoday.co.kr/view/mtview.php?
20200624	내일신문	장세풍	"기능대회 메	사회>교육_시험	사회>노동_복지		권영국,이	공동대책위원회,	경쟁,대회,메달,허	경북 경주시 소재 한 직업계 고등학교에서 기능	http://www.naeil.com/news_view/?id_art=353711
20200503	매일경제	최현재	뇌병변장애	사회>장애인	NA	NA	NA	축구대회,숙명여	뇌병변장애,축구	서울시는 보라매초등학교 6학년 이준서 군, 신관	http://news.mk.co.kr/newsRead.php?no=454008

그림 11 검색결과 추출 및 데이터 정제

3. 시각화 및 분석

R은 다양한 시각화 및 분석 도구를 제공하는데, 본서의 저자 정보를 간략하게 보여주기 위하여, 의미연결망 분석(Semantic Network Analysis)에 자주 사용하는 'arules' 패키지의 'Apriori' 함수와 결과 데이터의 시각화를 위하여 'igraph' 패키지를 사용해보았다. 분석대상이 어떤 관계를 맺고 어떤 연결망을 구성하는지를 알 수 있는 사회연결망분석(Social Network Analysis)에서 출발한 의미연결망 분석은, 동시출현(co-occurrence) 어휘의 공기관계를 분석하여 의미있는 정보를 찾아낼 수 있다. 본서의 저자와 관련한 신문기사를 대상으로 한 의미연결망분석 및 시각화 결과를 통하여 직업(대학교수, 연구소장), 사회활동(강의, 박람회), 관심분야(해외취업, 프로그램) 등의 개략적인 정보를 한눈에 파악할 수 있는 것이다.

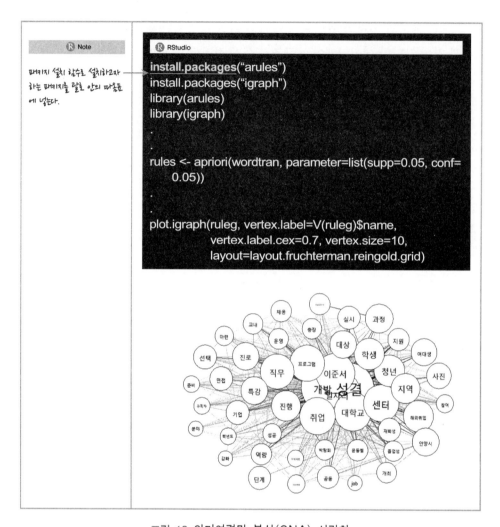

그림 12 의미연결망 분석(SNA) 시각화

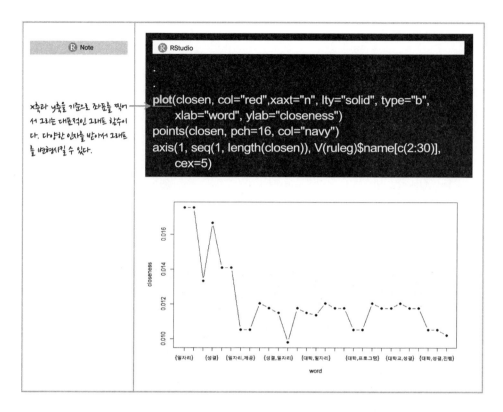

그림 13 연관어 검색 시각화

문화의 힘은 만드는 사람은 물론
즐기는 사람도
모두 행복하다는 것이다!

제2장
코퍼스와 컬처마이닝

그림 14 다국어 코퍼스

　R을 활용한 컬처마이닝, 특히 다국어 텍스트 데이터의 분석을 통한 서로 다른 언어문화권 사이의 대조 분석을 위해서는 언어와 문화를 초월한 광범위한 분석대상 데이터의 수집이 필요하다. 디지털 시대로의 전환이 급속도로 진행됨에 따라, 기존의 구조화된 데이터뿐만 아니라, 웹사이트, 블로그, SNS 등의 정형화되지 않은 데이터들이 시시각각 우후죽순 쌓여 나가고 있는데, 이들 데이터들이 데이터로서 의미 있는 정보가 되기 위해서는 데이터의 정제작업이 수반되어야 한다. 특히 텍스트와 같이 정형화되지 않은 데이터들은 본격적인 분석에 들어가기 전에 텍스트 자체를 분해하여 의미 있는 단위로 나누는 기술적인 처리와 함께, 행렬(matrix), 데이터프레임(data-frame), 코퍼스(corpus) 등 다양한 형태의 데이터셋(데이터베이스)으로 관리되어야 추후 다양한 분석에 용이하다.

　본서의 데이터 분석툴인 R에서는 2차원의 벡터로 정의되는 행렬(matrix)은 벡터에 행의 개수와 열의 개수를 부여하여 다음과 같이 간단히 생성할 수 있다.

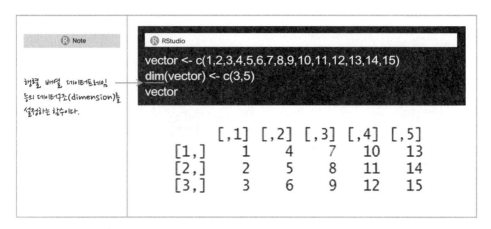

그림 15 행렬 구조 예시

데이터프레임도 행과 열로 구성된 2차원의 구조로 이루어져 있기 때문에, 외형상 행렬과 동일한 형태를 가지고 있으나, 각 열(column)이 서로 다른 유형의 데이터 구조를 가질 수 있다는 점에서 행렬과 구별된다. 예를 들어, 다음과 같이 데이터프레임에서 하나의 열은 숫자 데이터(numeric vector)로, 또 다른 열은 문자 데이터(character vector)로 구성될 수 있다.

DataFrame

	Vector 1	Vector 2	Vector 3	......
		숫자벡터1	문자벡터1	
		숫자벡터2	문자벡터2	
		숫자벡터3	문자벡터3	
		.	.	
		.	.	

row

column

그림 16 데이터프레임 구조 예시

　언어연구에 있어서 연구의 효율성을 증대시킬 목적으로 실제 사용된 방대한 양 (big volume)의 언어 데이터로 이루어진 코퍼스를 기반으로 한 실증 연구가 가능하게 됨으로써, 일부 연구자들의 주관적인 식견에 크게 의존하던 기존의 연구방식 (armchair linguistics)에서 데이터에 근거해 객관성이 충분히 담보된 정량적인 연구로 탈바꿈하고 있다.

표 1 언어연구 패러다임의 변화

기존 언어연구	데이터 기반 언어연구
armchair linguistics	corpus linguistics
일부 언어학자의 식견에 의존	정량적 객관적 데이터에 근거
언어 구조 중심 연구	실 사용예 중심 연구
독립한 개체 언어 중시	SNS, CGM 등 정보발신자의 사회적 문맥 및 관계 중시

　이렇게 언어연구의 근간을 흔들어 놓은 코퍼스는 언어학의 영역을 뛰어넘어 학술적인 목적에서뿐만 아니라, 다양한 분야에서 폭넓게 활용되고 있다.

표 2 코퍼스의 활용사례

분야	이용목적
언어연구	외국어, 언어학, 국어학 등의 개별 언어의 연구 복수언어의 코퍼스의 비교에 의한 대조언어학
정보처리	음성 자동인식을 위한 언어 모델, 음향 모델의 구축 자연언어처리를 위한 언어 모델의 구축 음성소 편집에 기반한 음성합성
언어교육	외국인을 위한 외국어 교재 개발 외국어학습을 위한 교재 개발
언어정책	외래어, 방언 등 언어정책 수립을 위한 기초자료 공용문 표기법의 개선을 위한 기초자료
사전편집	용례의 검색 단어 공기관계의 파악
심리학	언어에 관한 실험 설계, 자극의 통제

　대용량의 데이터를 기반으로 언어속에 숨겨진 특징과 언어의 경향성을 알아낼 수 있는 코퍼스는 언어정보 처리, 사회언어학, 문학작품연구, 문체론, 어법연구, 언어교

육 및 사전편찬 등 광범위한 연구적/교육적/실용적 목적에 다양하게 활용할 수 있다. 특히 실제 사용된 자연언어를 바탕으로 한 코퍼스 데이터를 사용한 외국어 교육의 효과성은 이론의 여지가 없고, 일상에서 자주 사용하는 사전 간행에 있어서도 코퍼스 분석은 빼놓을 수 없다. 최근에는 학술적 용어의 성격이 매우 강했던 '코퍼스'라고 하는 용어가 최근 4차 산업혁명 시대를 대표하는 AI, IoT, 빅데이터 등 텍스트 데이터 기반의 기술과 밀접한 관계를 가지며 일반인들에게도 회자되고 있을 정도이다. 대표적으로 파파고(Papago), 구글, 카카오i 등의 이름으로 일반인들에게도 친숙한 인공지능 번역기, SNS 메신저 등에서 인간을 대신하여 고객 유저와 소통하는 인공지능 로봇, 챗봇(chatbot)의 기반 데이터가 바로 대용량의 코퍼스이다.

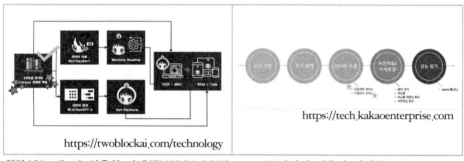

챗봇(ChatBot) 상용화 사례(TWOBLOCK)   AI번역기 상용화 사례(KAKAO)

그림 17 코퍼스 상용화 예시

'신체', '몸통'을 의미하는 라틴어에 어원을 두고 있는 코퍼스(corpus)의 사전적 정의는 '언어연구에 사용하기 위해 대량으로 수집된 문어체 및 구어체 텍스트'("a large collection of written or spoken texts that is used for language research"-Collins COBUILD-)로 정의되어 있는데, 서적, 잡지, 영화, TV, 인터넷 등 다양한 미디어에서 사용되는 비정형 텍스트 데이터를 컴퓨터에서 검색가능하도록 만든 데이터베이스를 말한다. 언어학 및 컴퓨터 공학에서 인간이 일상적으로 사용하고 있는 언어를 자연언어(natural language)라고 하는데, 코퍼스는 이러한 자연언어를 대량으로 축적해, 형태소, 품사 등의 언어적인 정보를 부가(annotation)함으로써, 컴퓨터가 인식할 수 있도록 구조화한 것으로 자연언어 처리(natural language process) 연구에 크게 활용되고 있다.

최근 막대한 연산량과 대규모의 데이터 처리를 가능하게 하는 GPU(Graphics Processing Unit)를 비롯한 강력한 성능의 하드웨어와 이를 뒷받침하는 소프트웨어 및 미들웨어, 그리고 직관적이면서 사용하기 쉬운 인터페이스를 제공하는 기계학습 프레임워크 등 제반 컴퓨팅 환경의 획기적인으로 발전하고 있다. 이에 따라 컴퓨터에서 처리할 수 있는(machine readable) 전자화 텍스트 자료, 즉 코퍼스는 수천 수억 단어 규모의 대용량 데이터(ex. Bank of English 2021 현재 6억 5천 단어)로 구성되어 있는데, 그 자체만으로도 충분히 빅데이터라고 할 수 있다.

그림 18 한중일 다국어 코퍼스 예시

대용량의 텍스트 데이터로 구성되는 코퍼스를 대상으로 고도의 분석을 수행하기 위해서는 사전(事前)에 필요한 정보를 텍스트 파일에 추가해두는 것이 필요하다. 이런 작업을 총칭해서 어노테이션(annotation)이라고 말한다. 어노테이션은 코퍼스의 활용도를 극대화하기 위해서 다양한 정보(tagging)를 추가하는 작업으로, 원시 코퍼스에 각종 언어적 정보를 부여하는 것이라고 할 수 있다. 대표적인 어노테이션으로는 품사정보를 부가한 품사 어노테이션, 의미정보를 부가한 의미 어노테이션, 구문정보를 부가한 구문 어노테이션 등이 있다.

term	_count	nationality	origin	_date	image	super
忘れる	1	japanese	forget.v	2020-04-10 11:05:07	0	Abandonment
忘记	2	chinese	forget.v	2020-05-14 13:42:31	0	Abandonment
준비	0	korean	ready.a	0000-00-00 00:00:00	0	Activity_ready_state
떠나다	0	korean	leave.v	0000-00-00 00:00:00	0	Abandonment
포기	0	korean	abandonment.n	0000-00-00 00:00:00	0	Abandonment
離開	0	chinese	leave.v	0000-00-00 00:00:00	0	Abandonment
去る	0	japanese	leave.v	0000-00-00 00:00:00	0	Abandonment
정확성	0	korean	accuracy.n	0000-00-00 00:00:00	0	Accuracy
準確性	0	chinese	accuracy.n	0000-00-00 00:00:00	0	Accuracy
準確性	0	japanese	accuracy.n	0000-00-00 00:00:00	0	Accuracy
중독자	0	korean	addict.n	0000-00-00 00:00:00	0	Addiction
癮君子	1	chinese	addict.n	2020-04-21 21:45:42	0	Addiction
中毒者	0	japanese	addict.n	0000-00-00 00:00:00	0	Addiction
扔掉	1	chinese	abandon.v	2020-04-22 00:06:45	0	Abandonment
捨てる	1	japanese	abandon.v	2020-04-22 00:07:03	0	Abandonment
잊다	0	korean	forget.v	0000-00-00 00:00:00	0	Abandonment
아침	15	korean	breakfast.v	2020-05-13 21:11:52	0	Ingestion
조식	0	korean	breakfast.v	0000-00-00 00:00:00	0	Ingestion
早餐	0	chinese	breakfast.v	0000-00-00 00:00:00	0	Ingestion
朝ご飯	1	japanese	breakfast.v	2020-05-05 10:22:33	0	Ingestion
朝食	0	japanese	breakfast.v	0000-00-00 00:00:00	0	Ingestion
젓가락	4	korean	ingestion.n	2020-05-14 12:01:25	0	Ingestion
筷子	3	chinese	ingestion.n	2020-05-08 07:44:28	0	Ingestion
お箸	3	japanese	ingestion.n	2020-05-08 07:43:38	0	Ingestion

그림 19 본서의 컬처마이닝 코퍼스 어노테이션 예시

　　분절된 단어를 중심으로 다양한 어노테이션으로 이루어진 데이터베이스 구조를 갖는 코퍼스는 품사, 용례, 인토네이션 등의 텍스트 정보 이외에도 음성, 이미지, 동영상 등의 멀티미디어 정보를 부착(tagging)할 수 있는데, 본서의 컬처마이닝을 위해 구축되고 있는 코퍼스는 다국어 기반의 멀티미디어 어노테이션으로 확장되고 있다.

다국어 품사 어노테이션

　　코퍼스 구축에 있어서 필수적인 것이 품사 어노테이션으로, 개개 단어의 품사 즉 의미를 정확히 구분해내기 위한 것이다. 품사 어노테이션을 위해서는 문자열이 바르게 단어 단위별로 나뉘어져 있어야 하는데, 우리나라말을 비롯해 영어, 독일어, 프랑스어와 같이 단어와 단어 사이의 경계가 스페이스(space)로 물리적으로 분절되어 있는 언어의 경우는 단어의 분절 작업이 필요가 없고, 개개 단어의 품사정보를 추정할 수 있는 '품사 태깅' 작업만하면 되지만, 중국어나 일본어와 같이 문자열의 구분이 없이 나열되는 언어는 문자열을 분절하는 작업이 선행된 후에 비로소 단어의 품사판정이 이루어진다.

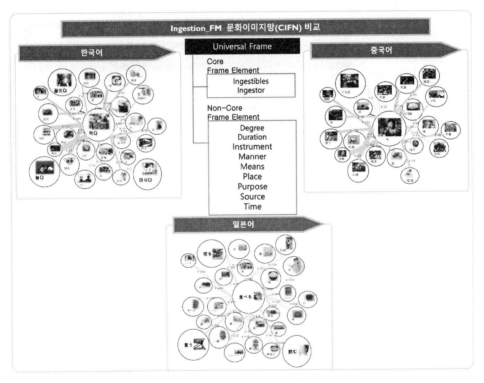

그림 20 다국어 어노테이션의 확장성 예시

일반적으로 단어 분할과 품사태깅은 하나의 연속적인 작업으로 이루어지는데, 이를 수행해주는 소프트웨어를 단어분할기(word segmenter), 토큰분할기(tokenizer), 형태소분석기(morphological analyzer) 등으로 부른다. 다국어를 대상으로 하는 본서의 컬처마이닝에 있어서 언어에 따라 각기 다른 단어분석기(tokenizer) 패키지와 단어 분석의 기준이 되는 다국어 사전을 사용해야 한다.

한국어 품사 어노테이션 예시

한국어의 경우, 본서의 분석툴인 R에서 유용하게 사용되고 있는 Korean NLP Package는 단어분석기와 사전을 포함하여 총 27개의 함수로 구성되어 있다.

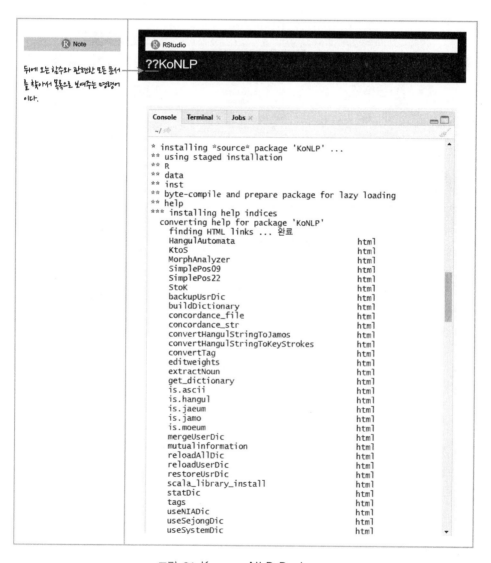

그림 21 Korean NLP Package

구체적으로 Korean NLP Package를 설치해서 그 구성을 살펴보면, 시스템 사전, 세종 사전, NIADic 사전 등 총 3개의 사전이 포함되어 있는 것을 알 수 있는데, 각각 약 28만 개, 약 37만 개, 약 98만 개의 방대한 양의 단어로 구성되어 있는 것을 확인할 수 있다. Korean NLP Package는 한국어 텍스트 분석에 있어서 빼놓을 수 없는 도구로 본서의 컬처마이닝에 있어서도 매우 유용하게 활용되고 있다.

그림 22 Korean NLP Package 빌티인 세종사전 설치

기사원문

MBC 뉴스

홈 | 뉴스데스크 | 엠빅뉴스 | 14F | 심층 | 정치 | 사회 | 국제 | 경제 | 스포츠 | iMBC 연예

사회    홍의표

행정안전부 "앞으로 '코로나19 재난문자' 전송 최소화"

입력 2021-03-31 08:30 | 수정 2021-03-31 08:30

행정안전부는 각 지자체에서 보내는 코로나19 재난문자가 국민들의 피로감을 높인다는 여론을 감안해, 앞으로 재난문자 전송을 최소화하겠다고 밝혔습니다.

이에 따라 마스크 착용 안내 등 방역수칙 홍보나 중대본 재난문자와 비슷한 문자는 발송을 제한하고, 밤 10시부터 다음날 오전 7시 사이 심야 시간대의 지자체 재난문자 전송도 제한하기로 했습니다.

행안부는 "지자체 재난문자가 코로나19 발생 초기 중요한 정보제공 수단으로 역할을 해왔지만, 코로나 상황이 길어지면서 운영방향을 전환하는 것이 합리적이라고 판단했다"고 설명했습니다.

data urce from https://imnews.imbc.com/news/2021/society/article/6134751_34873.html

그림 23 한국어 기사 단어 분절후 품사 태깅 결과

영어 품사 어노테이션 예시

영어 단어분석기로 대표적인 'openNLP' 패키지는 기본적인 영어단어는 물론, 사람이나 기관의 이름, 특정 장소, 시간 등을 추출하는 작업에 있어서도 요긴하게 활용할 수 있는 다양한 라이브러리로 구성되어 있다.

그림 24 openNLP 패키지

기사원문

CNN health　Life, But Better　Fitness　Food　Sleep　Mindfulness　Relationships

Fauci: US shouldn't loosen coronavirus daily new cases fall below 10,000

By Madeline Holcombe, Theresa Waldrop and Lauren Mascarenhas, CNN

🕐 Updated 0213 GMT (1013 HKT) March 5, 2021

See Fauci's reaction to states lifting mask mandates 03:35

(CNN) — The US shouldn't ease restrictions in place to prevent Covid-19 before the number of new coronavirus cases falls below 10,000 daily, "and maybe even considerably less than that," Dr. Anthony Fauci said Thursday.

The US should pull restrictions gradually, after a substantial portion of Americans are vaccinated, Fauci told CNN's Jake Tapper.

The last time the US saw fewer than 10,000 new daily cases was almost a year ago, on March 22, 2020. The number hasn't fallen below 50,000 daily cases since mid-October, and the seven-day average on Wednesday was more than 64,000.

"We will be pulling back," said Fauci, President Joe Biden's chief medical adviser. "We're now up to about 2 million vaccinations per day. That means every day that goes by, every week that

data source from https://edition.cnn.com/2021/03/04/health/us-coronavirus-thursday/index.html

각종 태그에 둘러쌓인 텍스트 및
그림 등의 요소(내용)를 가져올 때
사용하는 함수이다.

```
library(NLP)
library(openNLP)
library(httr)
library(XML)
url='https://edition.cnn.com/2021/03/04/health/us-coronavi
    rus-thursday/index.html'
html=GET(url)
en=htmlParse(html) %>%
    xpathSApply("//div/div", xmlValue)
en=en[61]
sentence <- Maxent_Sent_Token_Annotator()
word <- Maxent_Word_Token_Annotator()
en2 <- annotate(en, list(sentence, word))
pos_tag_annotator <- Maxent_POS_Tag_Annotator()
en3 <- annotate(en, pos_tag_annotator, en2)
en3w <- subset(en3, type == "word")
tags <- sapply(en3w$features, `[[`, "POS")
sprintf("%en/%en", en[en3w], tags)
```

	word	pos
1	The	DT
2	US	NNP
3	should	MD
4	n't	RB
5	ease	VB
6	restrictions	NNS
7	in	IN
8	place	NN
9	to	TO
10	prevent	VB
11	Covid-19	NNP
12	before	IN
13	the	DT
14	number	NN
15	of	IN
16	new	JJ
17	coronavirus	NN
18	cases	NNS
19	falls	VBZ
20	below	IN

Showing 1 to 20 of 432 entries, 2 total columns

그림 25 영어 기사 단어 분절 결과

  한국어와 영어와 달리 중국어나 일본어와 같이 문자열의 구분이 없이 나열되는
비분절 언어는 문자열을 분절하는 작업이 선행된 후 비로소 단어의 품사판정이 이
루어진다.

중국어 품사 어노테이션 예시

  R에서 중국어의 단어분석기로는 'jiebaR' 패키지가 대표적이다. jiebarR은, 패키지
설치와 함께 기본적으로 제공되는 중국어사전을 기본으로, MixSegment, MPSegment,
HMMSegment 등 총 7개의 다양한 라이브러리를 제공한다.

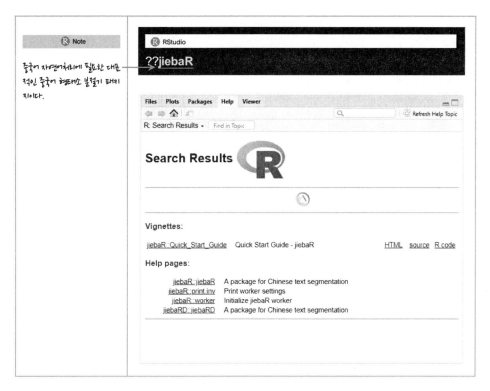

그림 26 jiebarR 패키지

기사원문

2019新型冠状病毒

播报   编辑   讨论   上传视频

　　2019新型冠状病毒（2019-nCoV，世卫组织2020年1月命名 [1]；SARS-CoV-2，国际病毒分类委员会2020年2月11日命名 [75-76]）。

　　冠状病毒是一个大型病毒家族，已知可引起感冒及中东呼吸综合征（MERS）和严重急性呼吸综合征（SARS）等较严重疾病。新型冠状病毒是以前从未在人体中发现的冠状病毒新毒株 [2-4]。

　　人感染了冠状病毒后常见体征有呼吸道症状、发热、咳嗽、气促和呼吸困难等。在较严重病例中，感染可导致肺炎、严重急性呼吸综合征、肾衰竭，甚至死亡。对于新型冠状病毒所致疾病没有特异治疗方法。但许多症状是可以处理的，因此需根据患者临床情况进行治疗。此外，对感染者的辅助护理可能非常有效。做好自我保护包括：保持基本的手部和呼吸道卫生，坚持安全饮食习惯等 [2]。

　　2020年8月，有关研究揭示了新冠病毒的传播特征：高传染性和高隐蔽性 [5]。9月，浙大一院传染病诊治国家重点实验室李兰娟院士课题组联合清华大学生命学院李赛研究员课题组，在国际上首次解析了真实新型冠状病毒全病毒三维精细结构 [6]。10月，澳大利亚一项最新研究显示，新冠病毒可在钞票、玻璃等表面存活近一个月 [7]。12月23日，英国继又发现了另一种传染性更强的变异新冠病毒 [8]。

　　2021年1月15日，英国已发现了一种来自巴西的变种新冠病毒 [9]。2月21日，据今日俄罗斯报道，在印度各地发现了多达240种新冠病毒毒株的新型变种 [10]。3月30日，中国－世卫组织新冠病毒溯源联合研究报告在日内瓦发布，报告显示，武汉华南海鲜市场不是新冠病毒最初来源地。

data source from https://baike.baidu.com/item/2019%E6%96%B0%E5%9E%8B%E5%86%A0%E7%8A%B6%E7%97%85%E6%AF%92/24267858?fr=aladdin

웹크롤링(web crawling)에
필요한 유용한 함수를 제공하는 패
키지이다.

그림 27 중국어 기사 단어 분절 결과

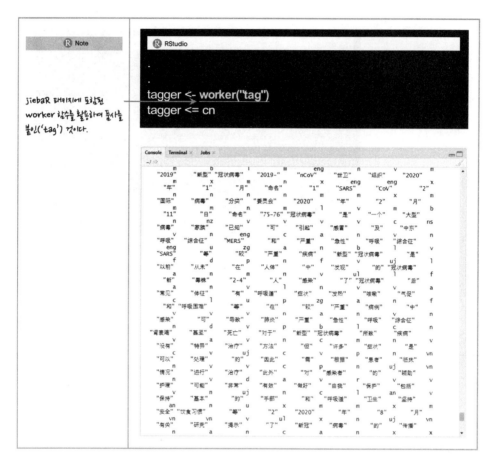

그림 28 중국어 기사 단어 분절후 품사태깅 결과

일본어 품사 어노테이션 예시

'MeCab 패키지'는 대표적인 일본어 텍스트 분석기 중의 하나로, 교토대학 정보학 연구과(情報学研究科)에서 운영한 프로젝트로 개발된 것이다. MeCab에서 사용하는 분석용 사전은 'IPA사전', 'unidic', 'NAIST사전' 등이 있는데, 텍스트 종류에 따라서 출력결과가 크게 달라질 수 있다. R에서 RMeCab 패키지를 인스톨하면 기본적으로 IPA사전이 함께 설치된다.

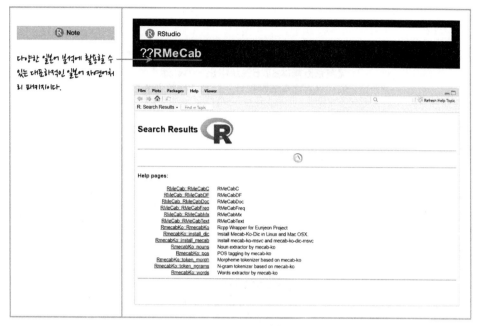

그림 29 MeCab 패키지

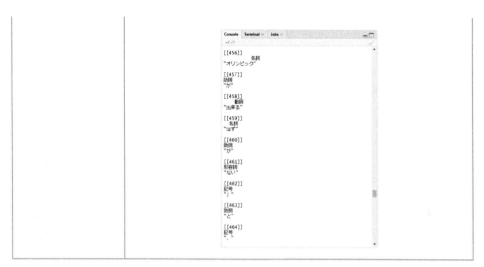

그림 30 일본어 기사 단어 분절 결과-1

Note

리스트 구조의 데이터셋을 1차원의
벡터(vector) 구조로 변환해
주는 함수이다.

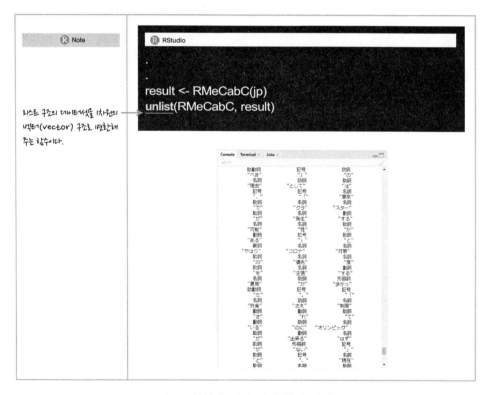

그림 31 일본어 기사 단어 분절 결과-2

비정형 텍스트 데이터를 활용한 컬처마이닝의 수행에 있어서 반드시 선행되어야 하는 것이 대상 텍스트를 분석 가능한 형태로 변환한 코퍼스를 구축하는 것이다. 또한, 다국어 코퍼스 구축에 있어서 각 언어 형식에 부합한 '단어 단위로의 분할(tokenization)', '품사정보 부여(part-of-speech tagging)', '단어 원형으로의 복원(lemmatization)' 등 단계적인 텍스트 데이터의 처리가 요구된다. 현재 이를 소프트웨어적으로 수행해주는 단어분석기의 정밀도는, 언어에 따라서 편차가 존재하는 것이 사실이지만, 90~98퍼센트 사이로 알려져 있다. 그러나, 언어별로 다른 띄어쓰기의 오류, 문맥 반영 정도, 신조어 및 방언 등의 문제로 정확도가 크게 떨어지는 경우도 종종 발생한다. 이를 방지하기 위해서는 분석 대상 텍스트를 실제로 일일이 살펴보면서, 중요 키워드 중심으로 수작업을 포함한 데이터 정제작업이 동반될 필요가 있다.

또한, 단어 분석의 기반 데이터가 되는 것이 사전 데이터라고 할 수 있는데, 본서의 컬처마이닝과 같이 특정 영역의 텍스트 데이터를 분석해야 할 경우에는 이와 관련한 전문 도메인 사전이 요구되기도 한다. 이에 보다 더 전문적이고 정밀한 분석을 위해서 특정 도메인 용어 사전 구축이 활발하게 시도되고 있다(본서 5장 컬처마이닝 도메인 감성사전 참고).

제3장

오피니언마이닝과 컬처마이닝

최근에 SNS 플랫폼, 블로그, 게시판 등에 업로드되는 텍스트, 음성, 영상 콘텐츠 등, 일반인이 생성하는 미디어(Consumer Generated Media, CGM)의 급속한 보급으로 누구나 쉽게 정보를 발신할 수 있는 환경이 조성되었다. '인류 역사 5,000년 동안에 축적된 데이터가 매일매일 생산된다'는 말이 실감날 정도로 엄청난 양의 데이터가 하루하루 쌓여나가고 있다. 특히 콘텐츠를 소비하는 최종 사용자(end-user)가 다양한 저작도구를 사용해서 만든 텍스트, 사진, 오디오 및 동영상 등의 CGM 비정형데이터는 SNS, 웹, 블로그 등에 공유되며 빠르게 전파되는 특성을 가지고 있고, 사용자가 직접 입력한 해시 태그 기반으로 연관성이 표현된다.

그림 32 오피니언 생성 소스의 변화

과거 일부의 언론사가 취사선택한 정보를 일방적으로 전달하던 게이트키핑(gatekeeping) 방식의 뉴스에 대한 신뢰도가 크게 떨어진지 이미 오래 되었고, 독자 스스로 정보를 생산하고 공유하며 쌍방향 교류하고, 언론사가 역으로 이를 전달하는 본격적인 소셜미디어 시대가 도래한 것이다. 가히 정보의 홍수라고 할 수 있을 정도로 정돈되지 않은 방대한 양의 다양한 여론과 의견이 혼재된 빅데이터 속에서 옥석을 가려내듯이 스스로 유용한 정보를 분류해내야 하는 시대를 현대인들은 살아가고 있는 것이다.

개인적으로도 하루에 수십통씩 받게 되는 광고성 스팸메일에 시달리는 경험을 해봤을 것이다. 며칠만 그냥 내버려두어도 이메일 계정이 스팸메일로 수북하게 쌓이게 되고, 더욱 더 심해지면 용량이 제한된 개인 계정이 마비되기까지 한다. 이에 대부분의 메일은 제목만 보고 바로 휴지통으로 삭제되는 경우가 비일비재해, 경우에 따라서는 중요 메일을 놓치게 되는 일도 발생한다. 이에 메일 발신자는 자신의 메일이 눈에 띄어 선택 받기를, 수신자는 유용한 정보만을 취사선택하려 하는 마치 '창과 방패의 힘겨루기'가 매일같이 벌어지고 있다.

기계학습(machine learning)을 활용한 스팸메일 분류

빅데이터를 활용하여 스팸메일과 정상메일을 구분해 보면 정상메일과 대비적으로 스팸메일에 빈번히 등장하는 단어, 스팸메일의 패턴을 발견할 수 있다.

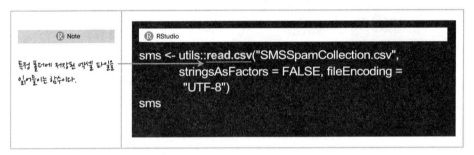

data source from https://archive.ics.uci.edu/

스팸메일 예시   정상메일 예시

그림 33 R을 활용한 정상메일과 스팸메일 (5574건) 필터링 예시

그림 34 정상메일 & 스팸메일 단어 출현빈도 분석 및 문서분류 시각화

스팸메일에 포함된 개별 단어의 스팸성(spamicity)을 수치화시키면 메일 자체의 스팸 가능성이 수학적으로 계산되는 것이다. 확률 분류기의 일종으로 이미 1950년 대부터 연구되기 시작한 나이브 베이즈 분류(Naïve Bayes Classification) 기법이 다양한 텍스트 분류에 광범위하게 사용되면서, 다음과 같이 정상메일과 스팸메일의 문서 분류 정확도(98퍼센트)에 있어서도 크게 향상된 것을 확인할 수 있다.

그림 35 나이브 베이즈 분류(Naïve Bayes Classification) 정확도

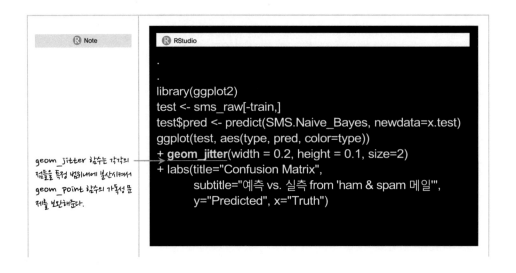

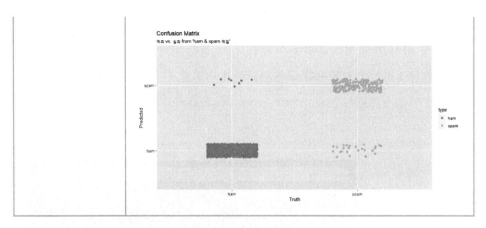

그림 36 나이브베이즈(Naïve Bayes)를 활용한 분류분석 결과 시각화

기계학습(machine-learning), 딥러닝(deep learning) 등 빅데이터 처리기술을 기반으로 한 인공지능의 발전은 스팸메일과 악성 메일을 상당히 높은 확률로 걸러낼 수 있게 되었다. 광고성 메일은 사용자가 설정한 특정 폴더로 자동으로 이동되도록 설정할 수 있고, 개인 메일의 경우도 과거 이력에 따라서 중요도가 측정되어서 노출 순위도 조정할 수 있다. 이렇게 스팸메일, 피싱메일 심지어 가짜뉴스까지도 높은 정확도로 필터링할 수 있는 인공지능 기술은 다양한 분야의 문서 분류에 활용되고 있다.

오피니언마이닝

어떤 특정 주제에 대한 여론, 의견, 평판 등을 빅데이터 분석을 통하여 알아내는 오피니언마이닝(opinion mining)에 있어서, 나이브 베이즈(Naïve Bayes), 서포트 벡터 머신(Support vector machine, SVM)과 같은 기계학습 알고리즘이 적용되고 있다. 우리말로 감성분석(sentimental analysis), 평판정보분석이라고도 불리우는 오피니언마이닝은, 주로 SNS, 블로그, 게시판 등의 비정형 텍스트 정보를 분석하여, 어떤 인물, 상품 등의 특정 대상에 대한 사용자의 의견 혹은 평판을 분석할 수 있는 빅데이터

처리 기술 중의 하나라고 할 수 있다.

R에서도 극성 판정 처리 과정을 거치면, 문장 혹은 단락 단위의 대상 텍스트가 부정적 혹은 긍정적인 의견인지에 대해 간단하게 판별할 수 있다. 이때 그 근거 데이터가 되는 것이 감성어휘사전(sentiment lexicon dictionary), 즉 평가어들의 집합이다.

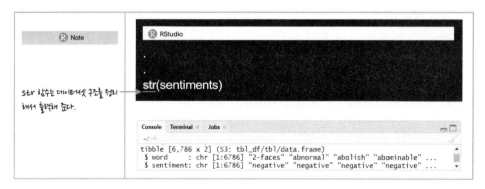

그림 37 tidytext 패키지의 감성어휘사전 예시

 감성어휘사전은 크게 긍정(affirmative) 혹은 부정(negative)의 '극성 정보'를 포함하는 평가어들이 데이터프레임 구조로 이루어져 있는데, 이를 통해 분석대상 텍스트가 긍정 혹은 부정의 어느 쪽의 단어들을 더 많이 포함하고 있는지를 가지고 텍스트 전체의 극성 판정이 수행되는 것이다.

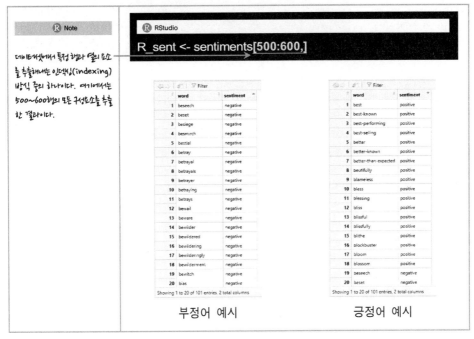

그림 38 영어감성어휘사전 부정어와 긍정어 분류

 물론, 단순하게 평가어의 개수만을 카운트하는 것만으로 긍정 혹은 부정의 극성 판정이 정확하다고 할 수 없기에, 각종 정량적 통계적 처리, 기계학습(machine learning) 등 다양한 방안이 고안되어 적용되고 있다.

 오피니언마이닝은 어떤 인물에 대한 평판, 사회문제, 시사문제에 대한 여론의 동향 등 수많은 SNS 및 CGM 텍스트 데이터의 극성 판정 결과를 집계하는 것으로, 전체적으로 긍정의 의견이 많은지 부정의 의견이 많은지를 순시 빠르게 파악할 수 있어, 다양한 분야에 활용되고 있다. 특히, 정치, 경제, 사회 등 특정 잇슈가 발생했을 때, 여론이나 대중의 관심도가 실시간으로 어떻게 변하는지 파악하는데 매우 용이하다.

Note

```
install.packages("twitteR")
library("twitteR")
setup_twitter_oauth(consumer_key,consumer_secret,acc
    ess_token,access_token_secret)
Biden <- searchTwitter("Biden", n=2000, lang = "en")
.
.
emotions<-get_nrc_sentiment(Biden$content)
```

트위터를 크롤링(crawling)해 주는 함수이다. 검색어, 갯수, 언어, 검색일자 등의 다양한 인자를 설정할 수 있다.

	anger	anticipation	disgust	fear	joy	sadness	surprise	trust	negative	positive
1	0	0	0	0	0	0	0	1	0	1
2	1	0	0	1	0	1	0	1	1	2
3	0	0	0	0	0	1	0	1	1	0
4	1	0	1	1	1	1	0	1	1	1
5	1	0	1	0	0	0	0	2	1	1
6	0	1	0	0	1	0	0	1	0	1
7	0	1	0	0	0	0	0	0	0	0
8	0	0	0	1	0	0	1	0	1	0
9	0	0	0	0	0	0	0	0	1	0
10	0	0	0	0	0	0	1	0	0	0
11	0	1	0	0	1	0	0	1	0	1
12	0	0	0	0	0	0	0	0	0	0
13	1	0	1	0	0	0	0	0	1	1
14	0	1	0	0	0	0	0	0	0	0
15	0	0	0	0	2	0	1	1	1	2
16	2	0	2	1	2	2	0	0	2	2
17	1	0	0	1	0	0	0	0	2	0
18	0	0	0	0	0	0	0	1	0	2
19	0	1	0	0	0	0	0	1	2	0
20	1	1	1	1	1	1	2	2	1	1
21	0	0	0	0	0	0	0	0	0	0
22	0	0	0	1	0	1	0	0	1	0
23	1	2	0	0	0	2	0	1	3	1
24	0	0	0	0	0	0	0	0	0	0
25	1	1	1	2	2	1	1	1	5	3

Showing 1 to 25 of 2,000 entries, 10 total columns

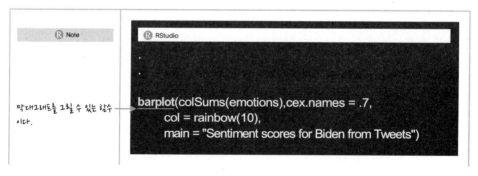

Note

```
.
.
barplot(colSums(emotions),cex.names = .7,
    col = rainbow(10),
    main = "Sentiment scores for Biden from Tweets")
```

막대그래프를 그릴 수 있는 함수이다.

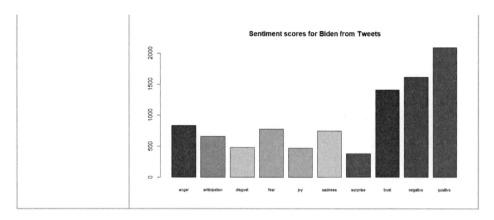

그림 39 최근 바이든 현 미국 대통령에 대한 오피니언 마이닝 예시

　R을 활용한 트위터 데이터 분석 결과를 통하여 현 바이든 미국 대통령에 대한 전반적인 미국인들의 의견(opinion)을 손쉽게 순시 파악할 수 있는데, 대중의 민심에 민감할 수밖에 없는 정치 분야에서 긍정(positive), 부정(negative)은 물론 10여개의 다양한 척도로 대중의 여론의 흐름을 객관적으로 파악할 수 있어서 매우 유용한 도구로 활용될 수 있다.

대선에서도 통용되는 빅데이터

　2008년 대권에 도전한 오바마(Barack Obama) 대통령을 무명에서 일약 스타로 만든 것도 트위터, 페이스북을 비롯한 SNS였고, 2012년 재선에까지 이르게 한 것도 오바마 자신이 명명한 빅데이터(big data)의 힘이었다는 것은 아주 유명한 이야기이다.

　2008년 오바마 진영은 선거 캠페인에 있어서 빅데이터 기반의 마케팅 기법을 총동원하였는데, 지지자를 통합하여 연결하는 웹사이트 구축은 물론, 잠재적 지지자에게 보내는 이메일의 제목 선정에 있어서도, 빅데이터 디지털마케팅의 대표적인 분석방식인 'AB 테스트'를 활용하였다. 이를 통해 웹사이트 가입률과 후원금 모금액을 크게 끌어올릴 수 있었던 것이다.

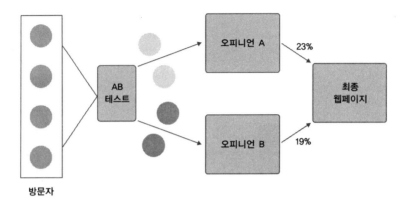

그림 40 AB테스트 예시

당시에 구축된 BarackObama.com 통합 사이트는 유권자 정보를 수집할 수 있는 허브 데이터베이스 역할을 하였는데, BarackObama.com을 통하여 페이스북, 트위터 등 SNS 상의 정보가 통합되었다. 예를 들어 페이스북에서 오바마와 관련한 글에 공감('Like')을 표시하면, 해당 유권자의 프로파일 정보와 친구 정보가 BarackObama.com 데이터베이스에 자동적으로 저장되게 만든 시스템이다. 이 때 Facebook의 Social Graph인 Open Graph와 같은 사회관계망(social networks)이 유권자들 사이의 친밀도를 파악하는 데 유용하게 사용되었고, 이를 통해 유권자층을 더욱 더 크게 확대할 수 있었다.

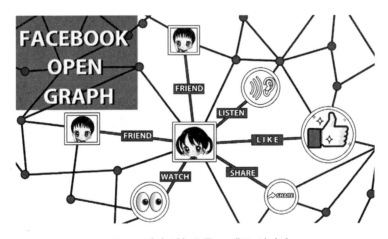

그림 41 페이스북 오픈 그래프 이미지

소셜미디어의 영향력을 효과적으로 이용한 오바마 캠프는 이외에도 Flickr, Tumblr 등 개인의 영상을 공유할 수 있는 SNS 플랫폼을 통해서도 유권자와 연관된 정보를 분석해 데이터베이스에 추가하였다. 이렇게 다양한 계층의 부동층을 타겟으로 하여 소셜 데이터를 수집하고 분석하여 유권자 개개인에 대한 맞춤형 선거전략을 구사함으로써, 선거 기부금 모금을 크게 활성화할 수 있었던 것이다.

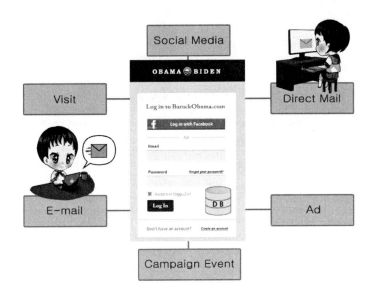

그림 42 BarackObama.com 허브

오바마 캠프의 후원금 모금 독려를 위한 이메일은 기계학습 및 딥러닝된 학습데이터를 활용해 스팸 메일로 분류되는 것을 미연에 방지할 수 있었다. 후원자들에게 보내는 이메일의 제목 선정에 있어서는 무작위로 선정된 인포먼트 그룹을 대상으로 한 'AB테스트'를 활용하였는데, 다양한 버전의 이메일 제목으로 AB테스팅을 거쳐 최종적으로 가장 많은 선택을 받은 문구로 구성된 이메일의 제목을 엄선해서 최종적으로 전체 유권자에게 보내는 방식이다.

표 3 AB테스트 결과 선별된 이메일 제목 예시

이메일 제목	발신자	백그라운드 상황
I am just so happy	Rufus Gifford, finance director	after the president came out in support of same-sex marriage
I want to do this again	Barack Obama	on a drawing for dinner with the president
My uncle Teddy	Caroline Kennedy	on Ted Kennedy's support for Obama
This isn't already illegal?	James Kvaal, policy director	on insider trading by members of Congress
My place, June 14th	Sarah Jessica Parker	an event she's hosting for Obama and the first lady
Karl Rove sent you a message	Julianna Smoot, deputy campaign manager	about a Rove tweet regarding Obama's campaign fundraising appeals
Hey	Barack Obama	before a key fundraising deadline
Me again	Michelle Obama	before a key fundraising deadline
Saturday night	Joe Biden	before a key fundraising deadline
Up late	Michelle Obama	about the president's effort to read letters and write to people he's met late into the evening
I love you back	Michelle Obama	one of the president's common responses to supporters
Hell yeah, I like Obamacare	David Axelrod, campaign strategist	in defense of the president's health care reforms
I tried.	Rufus Gifford	joking about trying to push back FEC deadline
Wow	Barack Obama	reminiscing about the Bill Clinton 1992 presidential campaign
Clutch	Joe Biden	hoping that donors will "come through in the clutch"

https://www.politico.com

표 4 AB테스팅 이메일 기반 후원금 모금액

이메일 제목	예상 후원금
후원금을 추월당하게 되었다.	$2,540,866
두려운 숫자들	$1,941,379
우리가 하고자 하는 일을 믿는다면	$991,806
마지막 호소: 미셸과 오바마	$894,644
만나고 싶습니다.	$755,425
미셸을 위해서 해주세요	$714,147
오바마와 함께 변화를!	$711,543
가장 인기 있는 오바마	$659,554
미셸 타임	$604,813
데드라인: 미셸과 저와 함께 합시다.	$604,517
감사하는 하루하루	$545,486
여론조사가 정확히 맞힌 것	$403,604

오바마 캠프가 진행한 메일 기반 후원금 모금 AB테스팅.

고한석(2013) 참조

이메일의 제목과 후원금의 액수는 매우 큰 상관관계를 나타내는데, 예상 후원금이 가장 낮은 제목과 가장 높은 제목 사이에 무려 여섯 배의 차이를 보였다고 한다(고한석_2013).

오바마 캠프는 이에 그치지 않고, 빅데이터 분석을 통해 정치헌금 디너 파티에 가장 참가 가능성이 높은 타겟그룹으로 40대 여성을 선정했고, 이들에게 가장 어필할 수 있는 호스트로 배우, 조지 클루니(George Clooney)를 선정한 것도 40대 여성에게 인기가 가장 많다는 빅데이터 분석 결과에 따른 것이다. 뿐만 아니라, 경합지역의 유권자들을 공략하기 위하여, 인종별 빅데이터 정보를 활용한 '마이크로 타겟팅(micro-targeting)' 선거 전략을 펼치는 등, 오바마가 대통령으로 당선되는데 있어서 빅데이터가 결정적인 역할을 했다는 것에 대해서는 지금도 이론의 여지가 없다.

컬처마이닝 再考

다문화 다인종 다언어의 용광로(melting pot)라고 할 수 있는 미국의 선거 캠페인에 있어서 본서의 컬처마이닝이 시사하는 바가 매우 크다.

Culture Mining is the process of finding useful or interesting 'cultural elements' –life styles, patterns, fashions, trends, models, beliefs, rules, frames etc.- of a specific region or a generation from unstructured text, various image sets by comparing different languages and cultures.

컬처 마이닝이란 인간의 문화를 표현하고 있는 다양한 미디어(텍스트, 이미지, 동영상 등)를 분석하여 언어/지역/성별/세대별 문화를 구성하는 문화 요소와 그들간의 관계를 발견해가는 과정이다.

출원번호: 40-2020-0207048

빅데이터에 기반한 과거 오바마 선거 캠패인은 다문화/다언어/다인종으로 구성된 미국 사회에서 근본적으로 컬처마이닝이 작동한 사례라고 볼 수 있는 것이다.

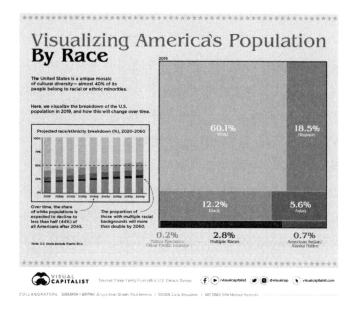

그림 43 미국 인종 비율

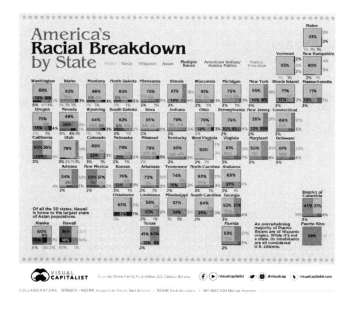

그림 44 미국 거주지별 인종 비율

https://www.visualcapitalist.com/visualizing-u-s-population-by-race/

미국 최초의 흑인 대통령의 오바마 캠프는 전통적으로 민주당을 지지하는 흑인에 대해서는 별도의 선거운동이 필요하지 않다고 판단내렸고, 이외에도 스페인어를 사용하면서 미국에 거주하며 미국 시민권 획득과 경제적 혜택을 바라는 라틴 아메리카계의 히스패닉 그리고 노동조합에 소속된 근로자 및 극단적인 페미니스트 등을 제외한 부동층을 공략하는데 모든 선거자금과 인력을 집중시킬 수 있었던 '선택과 집중'이 가능했던 것도 빅데이터의 힘이었던 것이다.

케냐 출신의 아버지와 유럽계 미국인 어머니를 둔 다문화 가정에서 태어났고, 미국 최초의 아프리카계 미국인이자 하와이 출신으로, 공화당 후보인 존 매케인(John Sidney McCain)을 압도적인 표차로 누르며 대통령에 당선될 수 있었던 오바마는, 재선에서도 미트 롬니(Willard Mitt Romney) 후보를 332 대 206으로 이기고 연임에 성공하였다. 재임 기간에도 다양한 언어, 문화, 인종의 목소리를 귀기울였던 오바마는 아직까지도 역대 미국 대통령 인기 순위에서 현존하는 미국 대통령으로서는 항상 1, 2위를 다투고 있다.

R 패키지s(CRAN)

본서에서 주로 활용하는 분석도구인 R의 가장 큰 장점은 누구나 무료로 사용할 수 있는 오픈 소스라는 점이다. 무료임에도 불구하고 고가의 대표적인 상용 분석도구인 SPSS와 SAS를 월등히 능가하는 패키지 생태계를 구축하고 있다.

그림 45 R 패키지 생태계

CRAN(the Comprehensive R Archive Network) 패키지 저장소(package repository)
에는 현재 17,342(2021년 9월 30일 시점) 개의 패키지가 존재하는 것으로 확인할 수
있는데 지금도 계속해서 증가하고 있다.

표 5 최근 업로드된 CRAN 패키지 예시

Date	Package	Title
2021-03-29	adaptMCMC	Implementation of a Generic Adaptive Monte Carlo Markov Chain Sampler
2021-03-29	bayesreg	Bayesian Regression Models with Global-Local Shrinkage Priors
2021-03-29	bigstatsr	Statistical Tools for Filebacked Big Matrices
2021-03-29	bomrang	Australian Government Bureau of Meteorology ('BOM') Data Client
2021-03-29	BSSprep	Whitening Data as Preparation for Blind Source Separation
2021-03-29	CBPS	Covariate Balancing Propensity Score
2021-03-29	ChannelAttribution	Markov Model for Online Multi-Channel Attribution
2021-03-29	comparer	Compare Output and Run Time
2021-03-29	drf	Distributional Random Forests
2021-03-29	dvir	Disaster Victim Identification
2021-03-29	emayili	Send Email Messages
2021-03-29	glca	Estimating a Group-Effect in Latent Class Analysis
2021-03-29	GmAMisc	'Gianmarco Alberti' Miscellaneous
2021-03-29	od	Manipulate and Map Origin-Destination Data
2021-03-29	RSizeBiased	Hypothesis Testing Based on R-Size Biased Samples
2021-03-29	SCEPtER	Stellar CharactEristics Pisa Estimation gRid
2021-03-29	spectral	Common Methods of Spectral Data Analysis
2021-03-29	taxlist	Handling Taxonomic Lists
2021-03-29	UBL	An Implementation of Re-Sampling Approaches to Utility-Based Learning for Both Classification and Regression Tasks
2021-03-29	utilityFunctionTools	P-Spline Regression for Utility Functions and Derived Measures
2021-03-29	violinplotter	Plotting and Comparing Means with Violin Plots
2021-03-29	VLTimeCausality	Variable-Lag Time Series Causality Inference Framework

2021-03-29	worldmet	Import Surface Meteorological Data from NOAA Integrated Surface Database (ISD)
2021-03-28	acled.api	Automated Retrieval of ACLED Conflict Event Data
2021-03-28	adeptdata	Accelerometry Data Sets
2021-03-28	anndata	'anndata' for R
2021-03-28	baymedr	Computation of Bayes Factors for Common Biomedical Designs
2021-03-28	BiocManager	Access the Bioconductor Project Package Repository
2021-03-28	callr	Call R from R
2021-03-28	caTools	Tools: Moving Window Statistics, GIF, Base64, ROC AUC, etc
2021-03-28	CSGo	Collecting Counter Strike Global Offensive Data
2021-03-28	csppData	Data Only: The Correlates of State Policy Project Dataset
2021-03-28	deaR	Conventional and Fuzzy Data Envelopment Analysis
2021-03-28	DHARMa	Residual Diagnostics for Hierarchical (Multi-Level / Mixed) Regression Models

또한, 각 패키지들은 주제별로 구분되어 있어 필요에 따라서 검색해서 최적의 함수를 선택하여 사용할 수 있다.

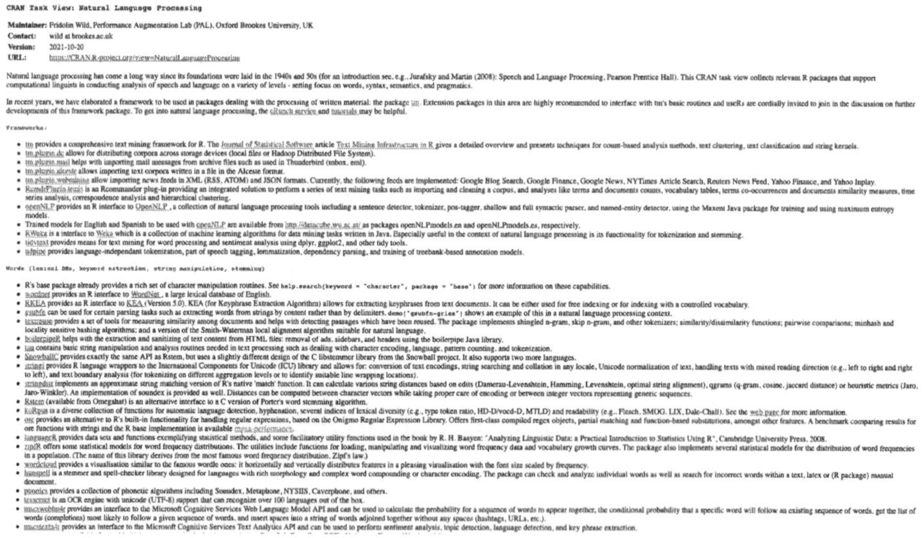

CRAN Task View: Natural Language Processing

Maintainer: Fridolin Wild, Performance Augmentation Lab (PAL), Oxford Brookes University, UK
Contact: wild at brookes.ac.uk
Version: 2021-10-20
URL: https://CRAN.R-project.org/view=NaturalLanguageProcessing

Natural language processing has come a long way since its foundations were laid in the 1940s and 50s (for an introduction see, e.g., Jurafsky and Martin (2008): Speech and Language Processing, Pearson Prentice Hall). This CRAN task view collects relevant R packages that support computational linguists in conducting analysis of speech and language on a variety of levels - setting focus on words, syntax, semantics, and pragmatics.

In recent years, we have elaborated a framework to be used in packages dealing with the processing of written material: the package tm. Extension packages in this area are highly recommended to interface with tm's basic routines and useRs are cordially invited to join in the discussion on further developments of this framework package. To get into natural language processing, the oRunch service and tutorials may be helpful.

Frameworks:

- tm provides a comprehensive text mining framework for R. The Journal of Statistical Software article Text Mining Infrastructure in R gives a detailed overview and presents techniques for count-based analysis methods, text clustering, text classification and string kernels.
- tm.plugin.dc allows for distributing corpora across storage devices (local files or Hadoop Distributed File System).
- tm.plugin.mail helps with importing mail messages from archive files such as used in Thunderbird (mbox, eml).
- tm.plugin.alceste allows importing text corpora written in a file in the Alceste format.
- tm.plugin.webmining allow importing news feeds in XML, (RSS, ATOM) and JSON formats. Currently, the following feeds are implemented: Google Blog Search, Google Finance, Google News, NYTimes Article Search, Reuters News Feed, Yahoo Finance, and Yahoo Inplay.
- RcmdrPlugin.temis is an Rcommander plug-in providing an integrated solution to perform a series of text mining tasks such as importing and cleaning a corpus, and analyses like terms and documents counts, vocabulary tables, terms co-occurrences and documents similarity measures, time series analysis, correspondence analysis and hierarchical clustering.
- openNLP provides an R interface to OpenNLP , a collection of natural language processing tools including a sentence detector, tokenizer, pos-tagger, shallow and full syntactic parser, and named-entity detector, using the Maxent Java package for training and using maximum entropy models.
- Trained models for English and Spanish to be used with openNLP are available from http://datacube.wu.ac.at/ as packages openNLPmodels.en and openNLPmodels.es, respectively.
- RWeka is a interface to Weka which is a collection of machine learning algorithms for data mining tasks written in Java. Especially useful in the context of natural language processing is its functionality for tokenization and stemming.
- tidytext provides means for text mining for word processing and sentiment analysis using dplyr, ggplot2, and other tidy tools.
- udpipe provides language-independant tokenization, part of speech tagging, lemmatization, dependency parsing, and training of treebank-based annotation models.

Words (lexical DBs, keyword extraction, string manipulation, stemming)

- R's base package already provides a rich set of character manipulation routines. See help.search(keyword = "character", package = "base") for more information on these capabilities.
- wordnet provides an R interface to WordNet , a large lexical database of English.
- KEA provides an R interface to KEA (Version 5.0). KEA (for Keyphrase Extraction Algorithm) allows for extracting keyphrases from text documents. It can be either used for free indexing or for indexing with a controlled vocabulary.
- gsubfn can be used for certain parsing tasks such as extracting words from strings by content rather than by delimiters. demo("gsubfn-gries") shows an example of this in a natural language processing context.
- tau contains basic string manipulation and analysis routines needed in text processing such as dealing with character encoding, language, pattern counting, and tokenization.
- textreuse provides a set of tools for measuring similarity among documents and helps with detecting passages which have been reused. The package implements shingled n-gram, skip n-gram, and other tokenizers; similarity/dissimilarity functions; pairwise comparisons; minhash and locality sensitive hashing algorithms; and a version of the Smith-Waterman local alignment algorithm suitable for natural language.
- boilerpipeR helps with the extraction and sanitizing of text content from HTML files: removal of ads, sidebars, and headers using the boilerpipe Java library.
- SnowballC provides exactly the same API as Rstem, but uses a slightly different design of the C libstemmer library from the Snowball project. It also supports two more languages.
- stringi provides R language wrappers to the International Components for Unicode (ICU) library and allows for: conversion of text encodings, string searching and collation in any locale, Unicode normalization of text, handling texts with mixed reading direction (e.g., left to right and right to left), and text boundary analysis. stringi is used by tm package.
- stringdist implements an approximate string matching version of R's native 'match' function. It can calculate various string distances based on edits (Damerau-Levenshtein, Hamming, Levenshtein, optimal string alignment), qgrams (q-gram, cosine, jaccard distance) or heuristic metrics (Jaro, Jaro-Winkler). An implementation of soundex is provided as well. Distances can be computed between character vectors while taking proper care of encoding or between integer vectors representing generic sequences.
- Rstem (available from Omegahat) is an alternative version of R's word stemming algorithm.
- koRpus is a diverse collection of functions for automatic language detection, hyphenation, several indices of lexical diversity (e.g., type token ratio, HD-D/vocd-D, MTLD) and readability (e.g., Flesch, SMOG, LIX, Dale-Chall). See the web page for more information.
- ore provides an alternative to R's built-in functionality for handling regular expressions, based on the Onigmo Regular Expression Library. Offers first-class compiled regex objects, partial matching and function-based substitutions, amongst other features. A benchmark comparing results for ore functions with strings and the R base implementation is available rrega performance.
- languageR provides data sets and functions exemplifying statistical methods, and some facilitatory utility functions used in the book by R. H. Baayen: 'Analyzing Linguistic Data: A Practical Introduction to Statistics Using R', Cambridge University Press, 2008.
- zipfR offers some statistical models for word frequency distributions. The utilities include functions for loading, manipulating and visualizing word frequency data and vocabulary growth curves. The package also implements several statistical models for the distribution of word frequencies in a population. (The name of this library derives from the most famous word frequency distribution, Zipf's law.)
- wordcloud provides a visualisation similar to the famous wordle ones: it horizontally and vertically distributes features in a pleasing visualisation with the font size scaled by frequency.
- hunspell is a stemmer and spell-checker library designed for languages with rich morphology and complex word compounding or character encoding. The package can check and analyze individual words as well as search for incorrect words within a text, latex or (R package) manual document.
- phonics provides a collection of phonetic algorithms including Soundex, Metaphone, NYSIIS, Caverphone, and others.
- tesseract is an OCR engine with unicode (UTF-8) support that can recognize over 100 languages out of the box.
- mscsweblm4r provides an interface to the Microsoft Cognitive Services Web Language Model API and can be used to calculate the probability for a sequence of words to appear together, the conditional probability that a specific word will follow an existing sequence of words, get the list of words (completions) most likely to follow a given sequence of words, and insert spaces into a string of words adjoined together without any spaces (hashtags, URLs, etc.).
- mscstexta4r provides an interface to the Microsoft Cognitive Services Text Analytics API and can be used to perform sentiment analysis, topic detection, language detection, and key phrase extraction.

그림 46 텍스트마이닝에서 가장 많이 사용하게 될 자연어처리(NLP) 패키지

필요한 패키지는 RStudio에서 언제든지 설치할 수 있는데, 설치방법은 패키지 창에서 cran 저장소로부터 패키지 파일을 불러와 설치하거나, 스크립트창에 직접 'install' 명령어와 패키지명을 함께 입력하여 설치할 수 있다.

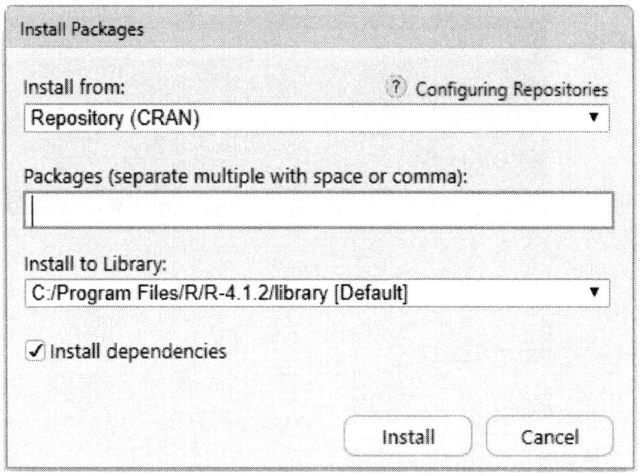

그림 47 R 패키지 설치

그림 48 e1071 패키지 설치

패키지 설치가 완료되면 library 함수를 통해 해당 패키지를 불러와서 메모리에 적재하여 사용한다. 패키지가 메모리에 적재되면 패키지 안의 다양한 함수를 사용할

수 있게 된다. 패키지의 정보는 '??패키지명'의 명령어로, 그리고 패키지의 각 함수의
기능 및 사용법은 '?함수명'의 명령어로 해당 세부 정보를 찾아볼 수 있어, 프로그램
내에서 바로 프로그램 문법의 수정 및 편집이 동시에 가능하다.

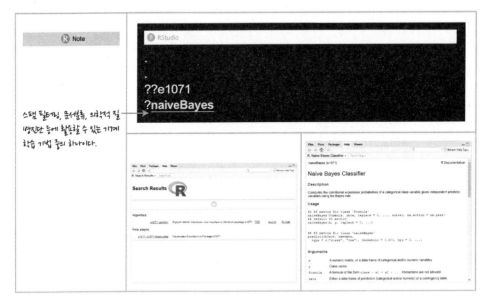

그림 49 패키지 세부정보 호출 화면

제4장

감성마케팅과 컬처마이닝

그림 50 편백나무(檜_'히노키')]로 만들어진 바이올린

어떤 일본인 바이올린 장인이 일본의 편백나무(桧_'히노키')에 착안하여 편백나무 바이올린을 만들었다. 일본에서 가장 오래된 정사를 기록하고 있는 일본서기(日本書紀_AD 720년)에도 등장하는 히노키는 신전 건축에 사용되어왔던 나무로 그 발음과 의미(「日の木_hinoki」 혹은 「霊の木_nihoki」)에서도 일본 고유의 역사와 문화적인 의미를 지닌 나무라고 할 수 있다.

스ギ・クスノキは舟に、ヒノキは宮殿に、マキは棺に使いなさい
-삼나무는 배에 편백나무는 신전에 삼목나무는 관에 사용해라-

日本書紀

일본의 풍토에서 자라나 1,000년 이상의 생명력을 자랑하는 편백나무 특유의 향과 어우러진 바이올린의 음색에서 일본 특유의 맛과 소리가 물씬 풍길 것 같다는 생각이 들게 만든다. 이외에도 일본에는 삼나무로 만든 상자로 포장한 양갱, 오동나무로 만든 서랍장, 편백나무 욕조 등 일본 고유의 감성과 정취를 살려 제품으로 상품화한 매력적인 물건들을 쉽게 찾아볼 수 있다.

일반적으로 감성이라 하면 5감 즉 시각, 청각, 촉각, 미각, 후각 등 신체적인 감각기관을 매개로 하여 외부의 자극을 받아들이는 '감수성의 능력'을 말한다. 다소 철학적인 의미가 강하지만, 관찰하는 대상물에 대하여 감상자가 받는 아름다운 느낌, 편안함, 불쾌감, 불만족감 등 5감을 바탕으로 받게 되는 자극에 근거한 종합적인 판단이라고 할 수 있다.

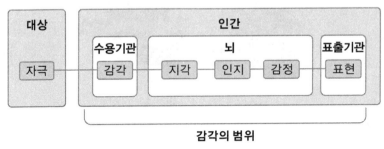

長沢(2018) 참조

그림 51 감성의 범위

물질적으로 풍족한 시대를 향유하고 있다. 언제든지 먹고 싶은 것을 골라먹을 수 있고, 손안의 휴대폰만 가지고도 '원터치(one touch)'로 모든 것을 손에 넣을 수 있다. 과거에 질 좋은 물건만 만들어 시장에 내놓으면 팔리던 공급자 주도의 시대는 이미 지나갔고, 아무리 싸게 좋은 물건을 시장에 내놓더라도 소비자의 선택권이 무궁무진해진 지금, 끊임없는 소비자와의 소통을 통하여 소비자의 니즈와 감성을 순시 파악하여 대응하는 기업만이 살아남는 시대가 된 것이다. 소비자 주도의 엄중해진 비즈니스 환경의 변화 속에서, 기업은 다양해진 소비자의 니즈와 고객 한 명 한 명의 변화무쌍한 '감성 수요'에 대응하는 것이 매우 중요하게 되었다.

컬처마이닝은 기능, 성능, 신뢰도 등 기본적으로 어떤 재화나 서비스의 상품 가격에 반영되는 경제적인 상품가치와는 별도로, 소비자의 감성을 자극하여 감동과 공감을 얻어냄으로써 상품가치를 더욱 더 극대화시키는 '감성가치'라고 하는 부가가치를 창출할 수 있다.

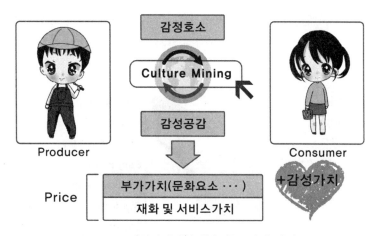

그림 52 컬처마이닝이 창출하는 경제 가치

　기능, 가격, 논리, 합리성 등 기본적인 경제 가치를 초월해, 아름다움, 편안함, 섬세함, 충족감, 고급감 등 비물질적인 주관적 가치, 즉 감성가치에 근거해 상품을 선택하고 구매하는 소비트랜드로 급변하는 상황에서, 기업은 미적, 감성적 요소, 분위기 등 '소프트(soft)한' 정성적 요소, 즉 문화 요소(cultural elements)를 상품 가치에 내재시켜야만 한다. 이러한 감성가치의 증대는 브랜드 파워의 증대로 이어져, 결과적으로 기업 성장의 원동력으로 작용할 수 있는 것이다. 양질의 제품을 만들어낼 수 있는 생산자의 제조 능력 및 제조비 절감을 통한 만족도 높은 가격 등, 제품 경쟁력의 향상 노력에 더해, 판매된 제품과 서비스를 사용하는 소비자의 반응 그리고 이를 둘러싼 소비자들 사이의 공감과 소통이 불러일으키는 감성가치가 기업 입장에서는 직접적인 매출의 확대로, 그리고 기업 브랜드 인지도의 향상으로 연결되는 것이다.

　세계인의 미적 감각에는 각양각색의 아름다움이 존재한다. 빛바란 맛, 여백의 미 등 동양화에 적용되는 가치 기준으로는 결코 설명할 수 없는 서양화 특유의 원근감, 입체감 등 미적 감각조차도 큰 차이가 나타난다. 그러나 이러한 차별성에서 문화적 가치가 발견되고, 이러한 차이야말로 문화적 풍성함과 다양성의 근원이기도 하다. 한 나라의 정서와 감성을 자극하여 직접적인 매출로 연결시킨 물건들 중에는 문화권을 뛰어넘어 다른 나라의 외국인들에게도 크게 호평을 얻는 것들도 많다. 예를 들어 우리나라에서도 일본의 '히노키 욕조'는 고급 호텔, 리조트의 상징이 되었고, 최근에 우리나라 고유의 호미가 서양인들에게 찬사를 받고 있기도 하다.

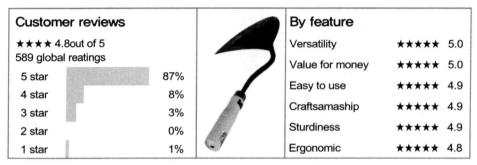

https://www.amazon.com/Digger-Korean-Gardening-Quality-Better/dp/B00PH9B9J0

그림 53 '호미'에 대한 글로벌 유저평

'가장 한국적인 것이 가장 세계적인 것이다'라는 말이 의미하듯이, 한 나라의 역사적, 정신적, 문화적 가치의 산물이 다른 나라에서 더욱 더 빛을 발할 수 있는 글로벌화 세계화된 시대가 된 것이다.

감성마케팅: 감성=문화

1960년대에 등장하여 마케팅 전략 및 마케팅 이론의 초석이 된 마케팅믹스(Marketing mix), 4P 전략이 대량생산, 대량판매, 대량소비 시대에 유용한 개념으로 기존 비즈니스 세계에서 통용되었다. 그러나 이러한 4P전략도 다원화된 시대의 변화속에서 시시각각 변화하는 소비자의 변화무쌍한 욕구와 다문화권에 일률적으로 적용하기에는 역부족이다.

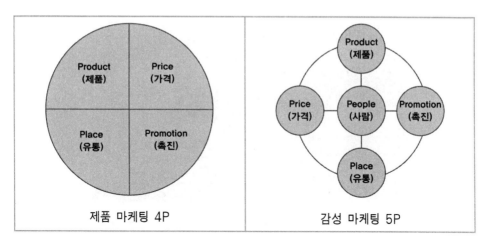

그림 54 4P & 5P 마케팅 비교

이에 제품(product), 가격(price), 유통(place), 판매촉진(promotion)에 더해, 사람(people) 중심의 5P 마케팅전략, 즉 감성마케팅이 주목을 받고 있다. 5P 감성마케팅의 대명사라고 불리우는 스타벅스는, 하워드 슐츠(Howard Schultz) 스타벅스 회장이 스타벅스의 성공 요인으로 "커피를 파는 게 아니라 문화("Starbucks Is Culture Not Coffee")라고 밝힌 그의 한마디에 '인간(people)' 중심의 감성마케팅의 본질을 엿볼 수 있다. 스타벅스는 맛과 향이 좋은 커피만을 파는 것이 아니라 편안하고 안정적인 공간, 열정과 낭만 등 커피 이외의 기대감과 함께, 음악, 분위기, 문화 등 감성적, 문화적 체험을 제공하는 공간으로서, 소비자들의 니즈를 끊임없이 파악하며 고객과의 지속적인 소통을 지향한다.

실제로 세계 80여 개국에 3만여 점포를 직영하고 있는 스타벅스는 다양한 문화권에 특화된 서비스 및 맞춤형 현지화 전략을 구사하고 있다. 1996년에 세계적으로도 커피시장의 벽이 높기로 유명한 일본에 스타벅스 1호점을 오픈한 스타벅스가, 47개 전역의 일본 지역에 1,500여개의 점포를 전개할 수 있었던 것도, 바로 일본에 특화한 문화적인 접근이 성공한 것이라고 할 수 있다. 아기자기한 것을 좋아하는 일본인 특유의 정서에 맞춘 컵 사이즈, '녹차의 나라'에 맞게 조정한 당도, 그리고 '사쿠라의 나라'라고도 불릴 정도로 벚꽃을 좋아하는 일본의 전통을 살린 벚꽃 시즌(3월말~4월 중순) 한정 '사쿠라 시리즈 메뉴' 등 일본인, 일본문화에 특화된 현지화 전략이 돋보인다.

그림 55 2021년도 버전 일본 사쿠라시리즈('さくら咲いた ベリー フラペチーノ®')

이외에도 종교적, 문화적인 이유로 스타벅스를 대표하는 여신을 로고에서 빼고, 매장에서도 남성들과 분리하여 여성을 위한 'family section'을 마련한 사우디아라비아에서의 스타벅스 현지화 전략이 논란을 불러일으키기까지 했다. 심지어 사회주의 국가인 중국에서조차, 체인점 커피시장의 70퍼센트에 달하는 절대적인 점유율을 확보하며, 전통적인 차 문화권인 중국 시장을 커피 문화권으로 탈바꿈시킬 기세이다.

그림 56 사우디아라비아 스타벅스 로고

우리나라에서도 'A사'의 특정 브랜드 로고가 들어간 노트북을 펼쳐놓고 사방에 전원 콘센트가 비치된 스타벅스 매장에서 '열공'하는 대학생들의 문화가 자리잡았고, '스벅입장권'이라고 하는 신조어까지 만들어내면서 명실상부 우리나라 최대 커피체인으로 성장한 것이다.

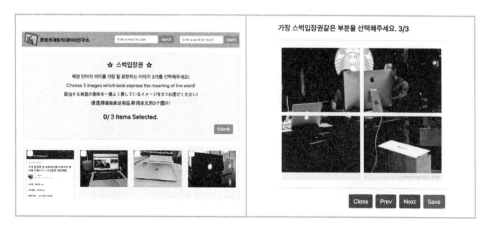

그림 57 문화이미지프레임망으로 활용한 컬처마이닝('스벅입장권')

그림 58 컬처마이닝('스벅입장권') 결과 예시

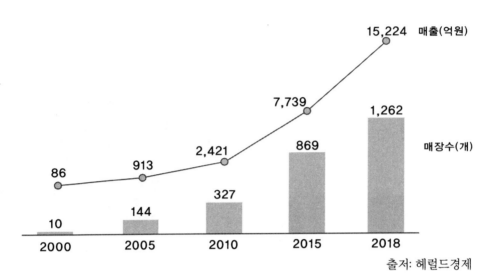

그림 59 스타벅스 코리아 매장수 및 매출 성장

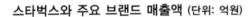

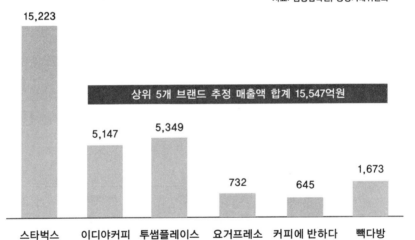

https://www.sisajournal.com/news/articleView.html?idxno=195199

그림 60 주요 커피 브랜드 성장세(대한민국)

감성분석(sentiment analysis)

　페이스북, 트위터, 인스타그램 등 SNS의 파급력은 고객의 사소한 불만 하나가 기업의 명운을 가를 수 있을 정도로 큰 영향력을 발휘하고 있고, 이러한 '고객의 소리', '고객의 요구'를 적극적으로 분석함으로써, 품질 개선과 동시에 SNS마케팅에 적극적으로 활용하여 매출증대로 연결시키는 기업도 다수이다. 특히, 물리적인 국경이 의미를 상실한 글로벌 비즈니스 환경의 변화 속에서, 어떤 특정 지역의 문화권에 속해 있는 사람들만 즐기고 공감할 수 있었던 감성이 순식간에 세계인의 공감을 얻을 수 있는 글로벌 시대에, SNS는 물리적인 국경을 초월한 글로벌마케팅의 활로로써 크게 활용되고 있다.

자료: 플릭스 패트롤(21 · 22일)

그림 61 '오징어게임' 인기 국가

그림 62 한국영화 '기생충' 이미지

그림 63 한류스타 'BTS' 이미지

BTS로 대표되는 K-POP의 열풍을 비롯하여, 봉준호 감독의 기생충이 아카데미 4관왕의 쾌거를 얻어낸 것도, 최대 글로벌 OTT 서비스를 제공하는 넷플릭스에서 미국은 물론, 영국, 프랑스, 독일, 홍콩, 대만, 베트남, 아랍에미리트, 쿠웨이트, 싱가포르 등 30여 개국에서 영상 콘텐츠 순위 1위를 기록한 것도 SNS를 타고 순식간에 글로벌 대중의 마음을 얻어냈기 때문이다.

대표적인 글로벌 SNS 서비스를 제공하는 트위터는 2020년 기준 전 세계 3억 4천만 명이 가입하고 있고, 이들이 하루에 발신하는 트윗이 5억 개 이상으로 알려져 있다. 트위터 사용자들은 다양한 주제와 관심사에 대하여 본인의 생각과 의견 등을 자유롭게 교환할 수 있는데, 이러한 소셜미디어는 기업 입장에서, 자사 및 자사가 생산한 상품에 대한 고객의 반응을 손쉽게 파악할 수 있는 채널이며, 동시에 제품 홍보 및 고객 관리 채널로서 매우 유용할 수 있다. 시시각각 변화하는 비즈니스 환경에서 소셜미디어는 마케팅과 시장조사에 들어가는 비용을 절약해 줄 수 있는 대안으로도 자리잡고 있다.

텍스트화된 미디어정보에서 기업 및 기업이 만들어내는 상품에 대하여 소비자들이 생각하는 주관적인 감정을 자동적으로 정밀하게 분류하여 분석해주는 '감성분석'에 대한 수요가 급증하고 있다. 감성분석을 위해서는 방대한 텍스트 정보로부터 분석에 필요한 데이터를 정밀하게 추출할 수 있는 필터링 기술, 그리고 이를 바탕으로 한 통계적 분석기법이 요구된다. 특히 SNS의 급부상과 함께 다양한 공간에서 다양한 주제를 둘러싼 소통이 실시간으로 이어지고 있어, 기업 입장에서는 고객의 아이디어와 의견(opinion)을 수집할 수 있는 창구가 무한대로 열려 있다고 할 수 있다. 실제로 SNS를 고객과의 쌍방향 소통 채널로 적극적으로 활용하여, 현재 및 잠재 고객과의 관계를 강화하고 기업 활동을 위한 집단지성(collective intelligence)의 발원지로 삼고 있는 기업도 다수 존재한다.

표 6 SNS 분류 및 예시

서비스 분류	주요 사업자
마이크로 블로그	트위터(twitter), 자이쿠(jaiku), 파운스(Pownce), 미투데이(me2day) 등
인맥관리 서비스	싸이월드, 페이스북(Facebook), 마이스페이스(Myspace), 링크나우, 토씨 등
커뮤니티	다음카페, 네이버 클럽, 프리챌 커뮤니티, 각종 온라인 동호회 등
블로그	다음 블로그, 네이버 블로그, 이글루스 등
인스턴트 메신저	네이트온, MSN, 버디버디 등
가상현실 서비스	세컨드 라이프, 싸이월드 미니라이프 등

자료: 한국인터넷진흥원

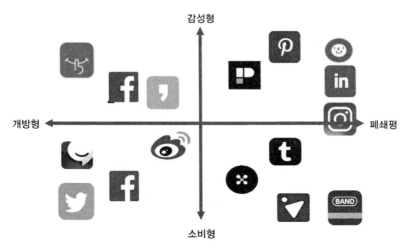

http://blog.naver.com/PostView.nhn?blogId=passionvip&logNo=220696208073

그림 64 주요 SNS 성향 분류

빅데이터 분석 기술의 일환으로도 이해할 수 있는 감성분석을 활용한 SNS 감성마케팅은, 전통적인 마케팅과 비교하여 저비용 고효율을 극대화시킬 수 있고, 실시간 자동 분석도 가능하다는 장점을 가지고 있다.

감성 분석은 크게 4단계로 이루어진다. 첫 번째는 각종 SNS 소셜미디어 매체에서 분석 대상 정보를 수집하는 '데이터 수집' 단계로, 오픈 API, 웹스크레이핑 등 다양한 크롤링 기법이 사용된다. 두 번째는 수집된 데이터에 대한 불용어 제거, 형태소 분석 등의 전처리 과정이, 그리고 세 번째 단계는 사용자의 주관이 드러난 부분만을 추출해내는 '주관성 탐지' 과정으로 이때 자주 사용되는 것이 감성어휘사전이다. 네 번째는 '극성 탐지' 단계로 극성분석, 감정변화 추이 분석 등의 분석결과에 대한 시각화로 마무리된다.

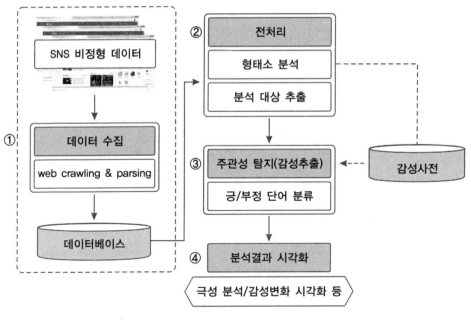

그림 65 감성분석 4단계

1. 데이터 수집

Twitter, Facebook, 블로그 등과 같은 SNS에서 생성되는 데이터는 대부분 비정형
텍스트데이터로 이루어져 있다.

그림 66 **크롤링된 raw data** 예시

크롤링을 통하여 수집된 비정형데이터에 대하여 본격적인 감성분석을 수행하기
위해 불필요한 불용어들(stopwords)을 제거하는 전처리 작업이 요구된다.

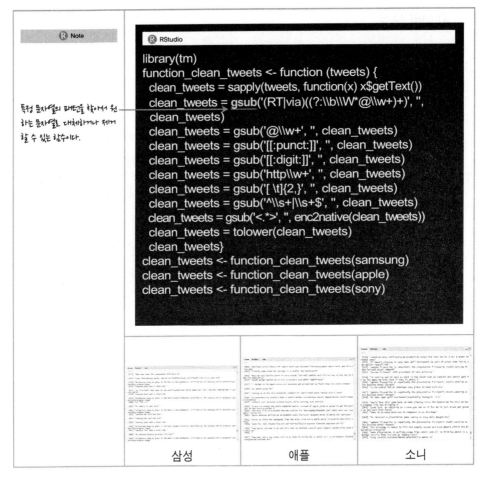

그림 67 전처리 과정 예시(불용어 제거)

2. 주관성 탐지

불용어(stopwords)등을 제거하는 전처리 과정이 끝나면, 감성분석에 사용될 단어만을 분리하는 작업이 필요하다. 텍스트에 사용된 모든 단어가 사용자의 주관적인 감성이 드러나는 것이라고 볼 수 없기에, 감성과 관련이 없는 단어들은 배제하는 것이다. 이때 유용한 것이 사전(事前)에 단어에 대한 극성 판정이 이루어진 단어들로 구성된 감성어휘사전이다.

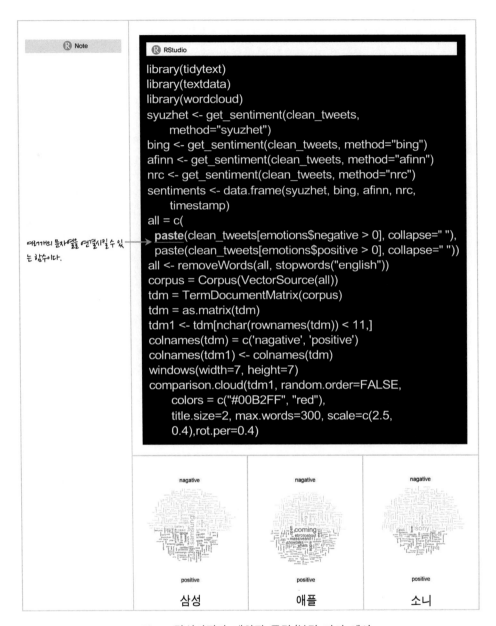

여러개의 문자열을 연결시킬 수 있는 함수이다.

```
library(tidytext)
library(textdata)
library(wordcloud)
syuzhet <- get_sentiment(clean_tweets,
        method="syuzhet")
bing <- get_sentiment(clean_tweets, method="bing")
afinn <- get_sentiment(clean_tweets, method="afinn")
nrc <- get_sentiment(clean_tweets, method="nrc")
sentiments <- data.frame(syuzhet, bing, afinn, nrc,
        timestamp)
all = c(
    paste(clean_tweets[emotions$negative > 0], collapse=" "),
    paste(clean_tweets[emotions$positive > 0], collapse=" "))
all <- removeWords(all, stopwords("english"))
corpus = Corpus(VectorSource(all))
tdm = TermDocumentMatrix(corpus)
tdm = as.matrix(tdm)
tdm1 <- tdm[nchar(rownames(tdm)) < 11,]
colnames(tdm) = c('nagative', 'positive')
colnames(tdm1) <- colnames(tdm)
windows(width=7, height=7)
comparison.cloud(tdm1, random.order=FALSE,
        colors = c("#00B2FF", "red"),
        title.size=2, max.words=300, scale=c(2.5,
        0.4),rot.per=0.4)
```

삼성   애플   소니

그림 68 감성사전과 매칭된 긍정/부정 단어 예시

3. 극성 탐지(polarity detection) 및 시각화

극성 탐지 단계에서는 전처리 및 주관성 탐지 과정에서 추출된 단어들이 '긍정'인지 '부정'인지를 판별하는 극성분석 작업이 수행된다. 본서에서 활용하는 R에서는 텍스트 내에 들어있는 긍정 혹은 부정 단어를 탐지하여 이를 정량화한 뒤 다양한 통계적인 기법을 활용한 시각화 작업이 가능하다.

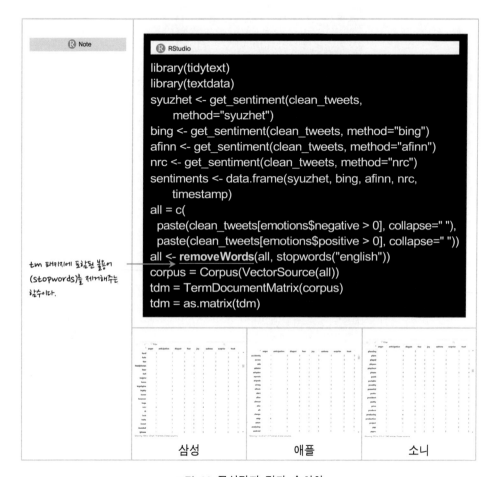

그림 69 극성탐지 결과 수치화

극성 판정 절차가 마무리되면 문장 및 단락 단위의 분석 대상 텍스트가 긍정적, 중립적, 부정적 의견인지, 더 나아가 분노, 불안, 슬픔, 기쁨 등과 같은 정밀한 감정의 상태까지도 객관적인 판별이 가능한 것이다.

그림 70 극성탐지 결과 그래프

```
all <- removeWords(all, stopwords("english"))
corpus = Corpus(VectorSource(all))
tdm = TermDocumentMatrix(corpus)
tdm = as.matrix(tdm)
tdm1 <- tdm[nchar(rownames(tdm)) < 11,]
colnames(tdm) = c('nagative', 'positive')
colnames(tdm1) <- colnames(tdm)
windows(width=7, height=7)
comparison.cloud(tdm1, random.order=FALSE,
    colors = c("#00B2FF", "red", "#FF0099", "#6600CC",
    "green", "orange", "blue", "brown"),
    title.size=2, max.words=600, scale=c(2.5, 0.4),rot.per=
    0.4)
```

삼성   애플   소니

그림 71 NRC 감성분석 결과

제5장

감성어휘사전과
컬처마이닝 도메인 감성어휘사전
구축

텍스트에 내재되어 있는 감성적 상태나 주관적 평가를 식별하고 추출하여 계량화하는 감성분석을 수행하기 위해서 반드시 필요한 것이 감성어휘사전(sentiment lexicon dictionary)이다.

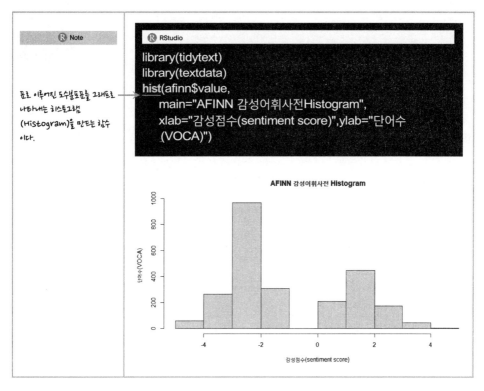

그림 72 R의 감성어휘사전 예시(AFINN)

기본적으로 감성분석은 감성어휘사전에 포함된 평가어에 부여된 감성점수 (sentiment score)의 합산, 혹은 평균으로 전체 텍스트의 감성상태를 평가하거나 범주화하는 것이다.

텍스트와 연동된 이미지, 동영상 등 다양한 미디어의 분석을 통하여 언어/지역/성별/세대별 문화요소와 그들간의 관계를 발견해 내려고 하는 컬처마이닝에 있어서, 텍스트에 내재되어 있는 사람들의 감정 상태 및 태도에 대한 변화, 의견과 평가, 선호도 등을 파악할 수 있는 감성분석은 매우 중요한 의미를 가지는데, 감성분석에 필수적인 것이 바로 감성어휘사전이라고 할 수 있다. 특히 다국어와의 비교와 대조를 통하여 차별화된 문화요소를 찾아내려고 하는 컬처마이닝에 있어서 각 언어의 감성어휘사전의 완성도는 분석의 결과와도 직결된다.

영어 감성어휘사전

본서에서 활용하는 R에서 쉽게 사용할 수 있는 영어 감성어휘사전으로는 Bing, AFINN, NRC, Loughran 등이 있다.

표 7 영어 감성어휘사전

감성사전	감성점수(sentiment score)	평가어수
Bing	긍정/부정	6,786개
AFINN	–5(부정)~+5(긍정)	2,477개
NRC	positive, negative, anger, anticipation, disgust, fear, joy, sadness, surprise, trust 등 10개	13,901개
Loughran	positive, negative, constraining, litigious, superfluous, uncertainty 등 6개	4,150개

R의 tidytext 패키지와 textdata 패키지의 설치를 통하여 영어 감성분석에 자주 사용되는 이들 네 개의 감성어휘사전을 모두 이용할 수 있다.

1. bing 감성어휘사전

bing 감성어휘사전은 6,800여개의 단어로 구성되어 있는데, 긍정 2,000여개 단어와 구문, 부정 4,800여개 단어와 구문으로 구성되어 있다.

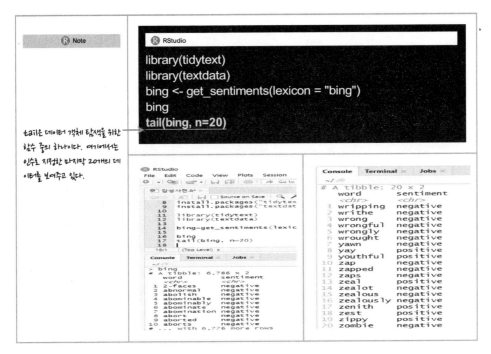

그림 73 bing 감성어휘사전

2. afinn 감성어휘사전

afinn 감성어휘사전은 감성분석에 가장 많이 사용되는 어휘사전으로 '0'을 중립으로 '-5~+5'사이의 정수 값을 각 단어의 감정에 맞게 부여한 사전이다.

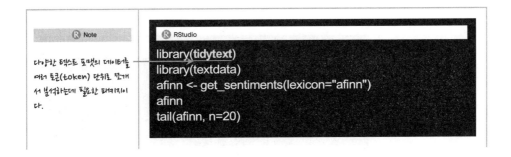

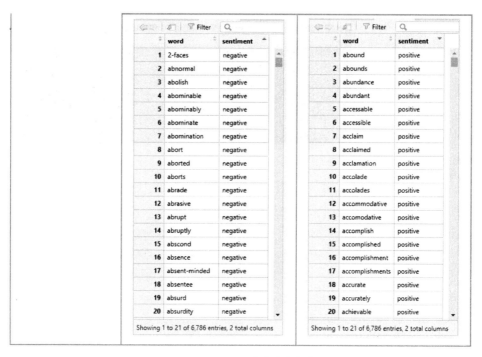

그림 74 afinn 감성어휘사전

3. nrc 감성어휘사전

nrc 감성어휘사전은 감성어휘사전 중에서는 가장 세분화된 것으로, 긍정(positive), 부정(negative), 분노(anger), 기대감(anticipation), 혐오감(disgust), 두려움(fear), 기쁨(joy), 슬픔(sadness), 놀라움(surprise) 및 신뢰(trust)의 10개 범주로 나뉘어져 있다.

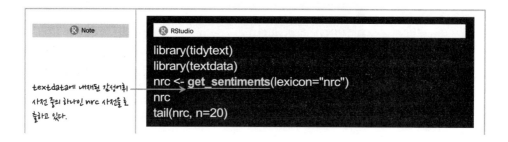

	word	sentiment
1	abacus	trust
2	abandon	fear
3	abandon	negative
4	abandon	sadness
5	abandoned	anger
6	abandoned	fear
7	abandoned	negative
8	abandoned	sadness
9	abandonment	anger
10	abandonment	fear
11	abandonment	negative
12	abandonment	sadness
13	abandonment	surprise
14	abba	positive
15	abbot	trust
16	abduction	fear
17	abduction	negative
18	abduction	sadness
19	abduction	surprise
20	aberrant	negative

Showing 1 to 21 of 13,901 entries, 2 total columns

Filter

	word	sentiment
13607	weary	sadness
13608	weatherproof	positive
13609	weeds	negative
13610	weeds	sadness
13611	weep	negative
13612	weep	sadness
13613	weeping	sadness
13614	weigh	anticipation
13615	weigh	trust
13616	weight	anticipation
13617	weight	disgust
13618	weight	fear
13619	weight	joy
13620	weight	negative
13621	weight	positive
13622	weight	sadness
13623	weight	surprise
13624	weight	trust
13625	weighty	fear
13626	weird	disgust

Showing 13,606 to 13,626 of 13,901 entries, 2 total

그림 75 nrc 감성어휘사전

4. loughran 감성어휘사전

loughran 감성어휘사전은 긍정(positive), 부정(negative), 자제(constraining), 제소 (litigious), 불필요(superfluous), 불확실(uncertainty) 등 6개의 범주로 구분되어 있다. 주로 경제 및 금융 분야에 특화된 도메인 감성어휘사전으로 개발되었는데, 이후 FOMC 발표문, 의사록의 감성분석 등에 널리 활용되고 있다.

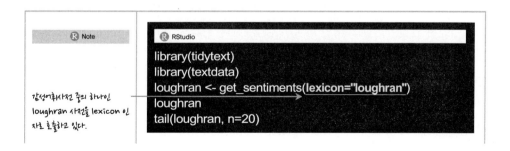

```
library(tidytext)
library(textdata)
loughran <- get_sentiments(lexicon="loughran")
loughran
tail(loughran, n=20)
```

감성어휘사전 중의 하나인 loughran 사전을 lexicon 인 자료 호출하고 있다.

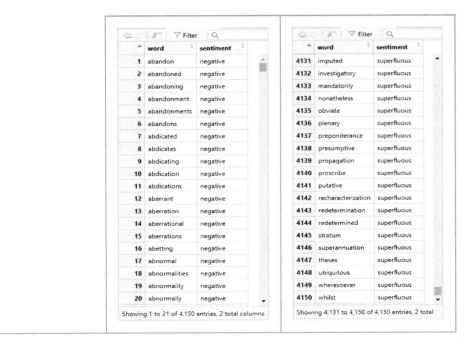

그림 76 loughran 감성어휘사전

한국어 감성어휘사전

영어 기반 감성어휘사전인 bing과 nrc는 한국어를 포함하여 20개의 언어로 기계적으로 번역되어 있지만, 감성분석에 있어서 가장 중요한 요소라고 할 수 있는 각 언어 문화권의 정서가 온전히 반영되어 있다고 볼 수 없다. 이에 영어 기반의 bing과 nrc를 활용한 한국어 감성분석의 결과에 대해서도 신뢰도가 담보되지 못하는 것이 실정이다.

국내에서 만들어진 대표적인 한국어 감성어휘사전으로 'KNU 한국어 감성사전'이 있다. KNU 한국어 감성사전은 표준국어대사전의 명사, 동사, 형용사, 부사를 긍정, 중립, 부정으로 분류한 것으로, 최소 3명의 평가자들의 극성 판별 과정 및 토론을 통하여 합의를 이루는 방식으로 제작된 것이 특징적이다. KNU 한국어 감성사전은 github를 통해서 무료로 다운로드 받아서 사용할 수 있다(https://github.com/park1200656/KnuSentiLex/blob/master/SentiWord_Dict.txt).

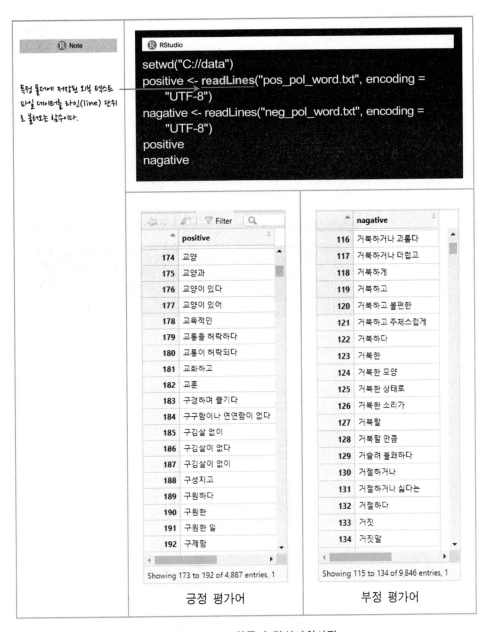

그림 77 KNU 한국어 감성어휘사전

중국어 감성어휘사전

중국어를 대표하는 감성어휘사전은 대만국립대학교의 **NTUSD** (National Taiwan University Sentiment Dictionary)가 있다. 중국어 텍스트마이닝 도구 중의 하나인 **R** 의 'tmcn 패키지'에 포함되어 있는데, 현재, 긍정어 2,810개, 부정어 8,275개로 구성 되어 있고, 각각 간체(簡體)와 번체(繁體)에 대응할 수 있다.

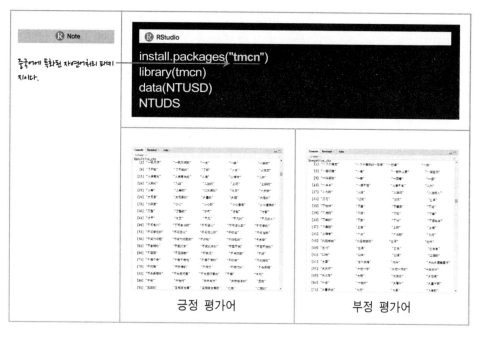

그림 78 NTUDS 감성어휘사전(간체)

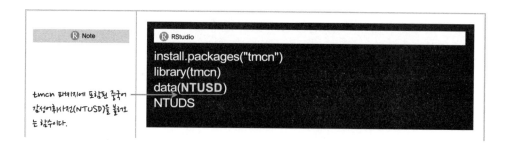

긍정 평가어	부정 평가어

그림 79 NTUDS 감성어휘사전(번체)

일본어 감성어휘사전

일본어의 감성어휘사전은 동경공업대학(東京工業大学)의 '단어감정극성대응표'(Semantic Orientations of Words)가 대표적이라고 할 수 있다. 단어감정극성대응표는 긍정적인 인상을 주는 단어와 부정적인 인상을 주는 단어로 이분화한 '감정극성(感情極性; Semantic orientations)'의 개념을 도입해 어휘네트워크를 이용하여 '-1'에서 '+1' 사이의 속성값을 자동적으로 부여하는 방식으로 구축된 것이다.

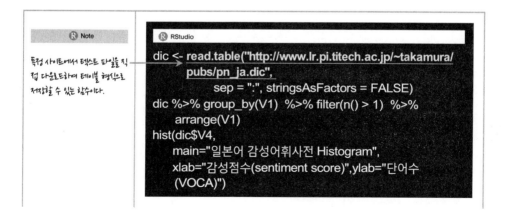

특정 사이트에서 텍스트 파일을 직접 다운로드하여 테이블 형식으로 저장할 수 있는 함수이다.

```
dic <- read.table("http://www.lr.pi.titech.ac.jp/~takamura/
    pubs/pn_ja.dic",
        sep = ":", stringsAsFactors = FALSE)
dic %>% group_by(V1) %>% filter(n() > 1) %>%
    arrange(V1)
hist(dic$V4,
    main="일본어 감성어휘사전 Histogram",
    xlab="감성점수(sentiment score)",ylab="단어수
    (VOCA)")
```

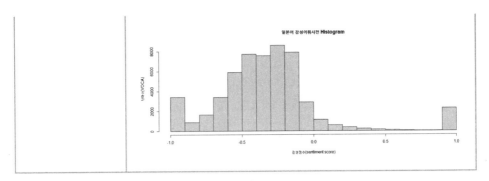

그림 80 일본어 감성어휘사전 패러미터

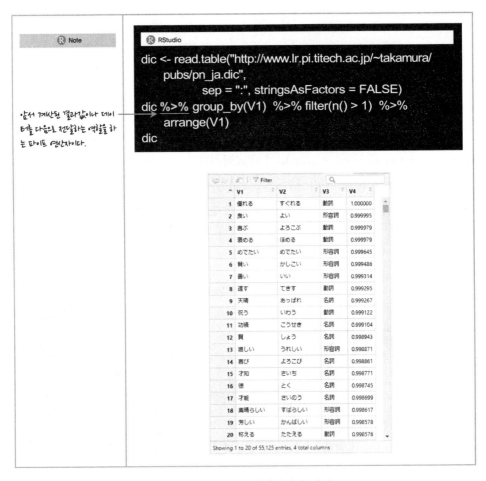

그림 81 일본어 감성어휘사전 예시

컬처마이닝 도메인 감성어휘사전

감성어휘사전을 구축하는 방식은 크게 수동 접근방식(manual approach)과 자동화 알고리즘(automated algorithm) 방식의 두 가지로 분류할 수 있다. 첫 번째는 구축자가 수동으로 직접 단어의 극성 판정을 수행하는 수동 접근방법(manual approach)으로, 사전 구축에 있어서 노동력과 시간이 지나치게 많이 필요하기 때문에 주로 사후 검토용으로 활용된다. 두 번째 자동화 알고리즘은 다시 단어의 사전적 의미에 기반하는 '사전기반 접근법(dictionary-based approach)'과 '말뭉치기반 접근법(corpus-based approach)'으로 나눌 수 있다. 일반적인 어학사전을 활용하여 감성사전을 구축하는 사전 기반 접근법은, 사전에 기술된 사전적 의미에 기반하여 감성어휘 목록을 작성하고, 동의어와 반의어를 기준으로 단순 반복 작업(iteration)을 거쳐 사전을 확장하는 붓스트랩 방식(bootstrapping methods), 확률론을 이용해 극성 값을 부여하는 방식, PMI(pointwise mutual information)를 이용하는 방식 등이 있다.

코퍼스 즉 말뭉치 기반 접근법(corpus-based approach)은 기초적인 감성어휘나 기존의 범용감성사전을 텍스트 데이터에서 추출된 코퍼스에 적용하여 새롭게 감성사전을 재구축하는 방법이다. 같은 단어라도 문맥에 따라 의미가 크게 달라질 수 있는데, 코퍼스 기반의 감성사전은 단어가 사용되는 실제 코퍼스 텍스트 문맥(context)을 활용하여 구축한 것이다.

사전적인 의미에 기반하여 만들어지는 범용 감성사전이 문맥을 고려하지 않고 단어의 사전적인 의미에 기반하여 빠르게 극성을 부여하여 손쉽게 사전을 구축할 수 있다는 장점이 있지만, 특정 분야에서 특수하게 사용되는 어휘의 극성을 살리지 못하므로 감성분석의 정확성이 크게 떨어질 수 있다. 이에 반해, 코퍼스에 기반한 도메인 감성사전은 일반적으로 받아들여지는 긍정, 부정의 논리적 가치판단뿐만 아니라, 해당 특정 분야, 예를 들어 주식시장과 관련한 텍스트에 대한 감성분석의 경우 긍정은 '주가상승'을, 부정은 '주가 하락'을 의미할 수 있다. 이와 같이 감성어휘는 특정 도메인에 따라서 감성의 종류나 정도가 달라지는 특징을 가지고 있다. 예를 들면, '슬프다'라는 감성 어휘는 일반적으로 부정적 의미의 감성 가치를 지니고 있지만, 영화 및 문학작품 등의 도메인에서의 '슬프다'라는 감성 어휘가 반드시 부정의 의미로 사용되고 있다고 볼 수 없는 경우도 비일비재하다(ex. '세상은 슬프도록 아름답다'_공지영). 이에 특정 도메인에 대한 감성 어휘의 특성이 고려되지 않은 감성 사전을 감성분석에 활용하는 경우 정확한 분석이 이루어졌다고 하기 어렵다.

본서의 컬처마이닝을 위해 구축하고 있는 감성어휘사전은 각 언어권의 다국어 코퍼스를 기반으로 추출된 문화요소가 반영된 문화이미지프레임 정보를 기반으로 한다.

그림 82 본서의 다국어 코퍼스 예시

다국어 코퍼스의 기반 데이터라고 할 수 있는 텍스트 문장에 대해 실제 문맥 비교와 대조를 통하여 각 언어권의 특징적인 문화요소가 반영된 이미지로 구성된 문화이미지프레임망(Cultural Image Frame Network, CIFN)이 구축되고 있다.

	term	_count	nationality	origin	_date	image	super
1	준비	0	korean	ready.a	\<null\>	49	Activity_ready_state
2	떠나다	0	korean	leave.v	\<null\>	49	Abandonment
3	잊다	0	korean	forget.v	\<null\>	49	Abandonment
4	아침	21	korean	breakfast.v	2021-03-25 18:32:39	49	Ingestion
5	조식	0	korean	breakfast.v	\<null\>	49	Ingestion
6	早餐	0	chinese	breakfast.v	\<null\>	49	Ingestion
7	朝ご飯	1	japanese	breakfast.v	2020-05-05 10:22:33	49	Ingestion
8	朝食	0	japanese	breakfast.v	\<null\>	49	Ingestion
9	젓가락	6	korean	ingestion.n	2021-04-01 10:01:00	49	Ingestion
10	筷子	3	chinese	ingestion.n	2020-05-08 07:44:28	49	Ingestion
11	お箸	3	japanese	ingestion.n	2020-05-08 07:43:38	49	Ingestion
12	라면	5	korean	consume.v	2021-03-26 15:55:00	49	Ingestion
13	方便面	37	chinese	consume.v	2020-09-18 15:54:12	49	Ingestion
14	ラーメン	10	japanese	consume.v	2020-09-19 17:29:02	49	Ingestion
15	호텔	4	korean	stay.n	2021-03-16 13:13:40	49	Temporary_stay
16	여관	7	korean	stay.n	2021-03-03 13:39:25	49	Temporary_stay
17	酒店	46	chinese	stay.n	2021-04-07 17:20:02	49	Temporary_stay
18	ホテル	8	japanese	stay.n	2020-08-31 02:16:47	49	Temporary_stay
19	旅館	10	japanese	stay.n	2020-09-19 17:28:05	49	Temporary_stay
20	버리다	5	korean	abandon.v	2021-04-08 15:10:41	49	Abandonment

그림 83 문화이미지프레임망 데이터베이스 예시

　문화이미지프레임망을 구성하는 이미지들은 각 언어권의 인포먼트 그룹에 의해 다수결 투표방식(majority voting)을 통하여 선정되는데, 이러한 선정 과정에서 각 어휘 이미지들의 극성 판정이 이루어지는 것이다.

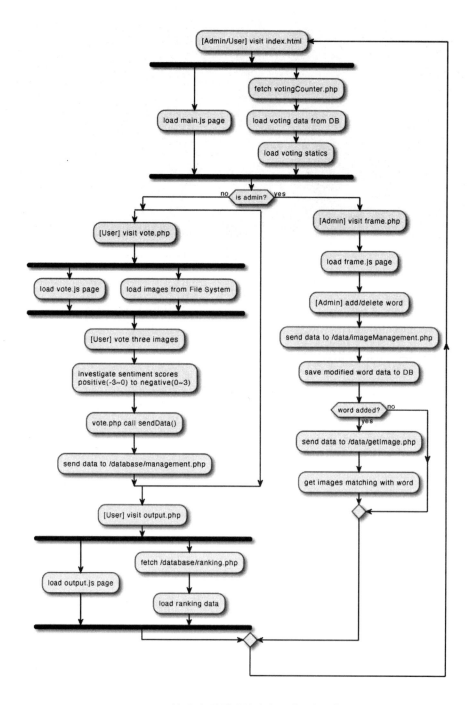

그림 84 본서의 감성어휘사전 구축 알고리즘

　　본서의 감성어휘사전은, 실제 사용된 텍스트 데이터에서 추출된 코퍼스 단어에 대하여 각 언어문화권의 성별, 세대별 인포먼트 그룹에 의한 다수결 투표 선정방식의 집단지성(collective intelligence)을 활용한 극성판정이 이루어지고 있는 도메인 감성어휘사전이라고 할 수 있는 것이다.

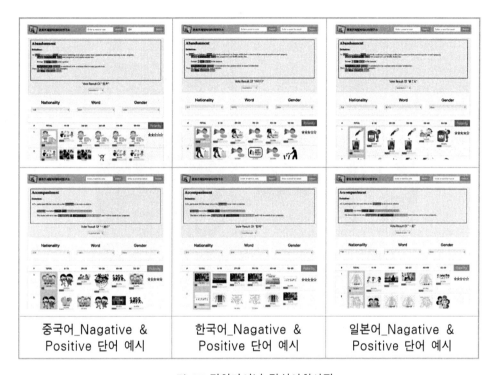

그림 85 컬처마이닝 감성어휘사전

제6장
R 컬처마이닝 케이스 스터디

'벼농사이론(rice theory-Talhelm Thomas, 2014-)'의 가설에 따르면 동(東)아시아 인들이 관계 지향적이고 통합적인 사고를 하는 이유는 벼농사를 지었기 때문이고, 서구인들이 개인주의적이고 분석적인 사고를 하는 것은 밀농사를 지었기 때문이라고 한다. 일상생활에서 중요한 의미를 가지는 식문화는 이러한 문화적 공통점과 차이점이 확연히 나타날 것으로 예측되는데, 특히 지리적 · 역사적으로 인접하며 언어적으로도 유사한 동일 한자 문화권에 속하여 쌀을 주식으로 삼아온 한국, 일본, 중국의 식문화에서 유사한 상호 공통분모가 발견될 가능성이 농후할 것으로 충분히 예측할 수 있다.

일찍이 포르투칼의 선교사 루이스 프로이스(Luís Fróis, 1532-1597)는 유럽과 일본의 문화적 차이를 발견해 내며 특히 식문화에 있어서 당시 남녀노소를 불문한 일본인들의 젓가락 사용이 매우 특징적인 것임을 지적하였다.

われわれはすべてのものを手をつかって食べる。日本人は男も女も、子供の頃から日本の棒を用いて食べる。

-우리들은(서구인들은) 모든 것을 손으로 먹는다. 일본인은 남녀 모두 어릴 때부터 일본의 '막대기'를 가지고 식사한다-

ルイス・フロイス(岡田章雄訳注) (1991)

17세기부터 포크의 사용이 시작되었지만 당시 직접 손으로 음식을 섭취한 서구인들의 눈에 비친 일본인들의 젓가락 사용은 상당히 대비적이었을 것이다.

동아시아 문화권에서도 일본인들의 젓가락 사용은 특출한 것으로 지금도 젓가락의 사용빈도가 같은 문화권의 다른 나라에 비해서도 압도적인데, 이준서(2013)에서 이&한(2011)의 '메타 이미지 데이터베이스'의 검색 결과를 활용하여 'ingestion 프레임'에 속하는 한국어와 일본어에 해당하는 동사('먹다', 「食べる」)의 특징적인 문화 요소로 각각 '숟가락'과 '젓가락(お箸)'이 대비적임을 특정하였다.

텍스트 기반(corpus)

이미지 기반(multi-media)

그림 86 컬처마이닝(문화요소 추출) 방식

이러한 사실은 본서의 컬처마이닝을 위한 문화이미지프레임망의 검색 결과에서도 쉽게 확인할 수 있는 것으로, 심지어 뜨거운 국물이 담긴 용기조차도 손에 들고 젓가락을 사용하여 음식을 섭취하는 것은 일본 특유의 문화 행위로서 수백년간 이어져 내려오고 있는 식문화 습관이라고 할 수 있다.

과거 일본도, 비록 그 사용된 시기가 매우 짧았고 이후 숟가락의 용도가 많이 바뀌었지만, 한국과 중국에서 전해진 숟가락과 젓가락을 동시에 사용했던 시기가 존재한 것으로 알려져있다.

「平安時代貴族階級の食膳には箸と共に匙が置かれてあった。(中略)食物を匙で食べる風は長つづきしなかったようで、その後匙がよく使われたのは室町時代からの香道の香箸や薬の調剤用の薬匙であろう。」

-헤이안시대(794-1185) 귀족 계급의 밥상에는 젓가락과 함께 숟가락이 놓여져있었다. (중략) 헤이안 시대의 숟가락을 사용하여 식사하는 것은 오래 지속되지 않았고, 이후 무로마치시대(1336-1573) 이후에는 '향도'('차도'와 유사한 것으로 향을 피우고 그 향기를 즐기는 풍류)나 약 조제용 '약용 숟가락' 등으로 그 사용 용도가 변화했다-

大島建彦(1971)

주된 식사 도구의 변화는 일상에서의 식사와 음식 모양에도 큰 영향을 미치게 마련인데, 일본의 음식은 최대한 한 입에 들어갈 수 있는 크기로 작아졌고, 탕(국) 용기도 한 손에 들 수 있도록 작고 가벼워진 것이다. 일본의 전통적인 식기가 대부분 나무로 만들어진 목기라는 사실은 이런 맥락에서 이해할 수 있다.

그림 87 일본의 '미소시루' 식사 이미지

도구로써의 '젓가락'

음식 섭취에 주로 사용되는 도구(instrument)로써 한국의 '숟가락'과 일본의 '젓가락'이 한국과 일본의 대비적인 문화요소라는 사실은 SNS 중의 하나인 트위터의 데이터 분석을 통해서도 확인할 수 있다. 특히 일본은 미국 다음으로 제일 많은 세계 제2위의 트위터 유저수를 기록하고 있는데, '젓가락(お箸)'을 키워드로 하여 대표적인 통계 분석도구 중의 하나인 R의 트위터 크롤러(crawler), API를 활용한 최신 1,000개의 일본인 트위팅(2021년 12월 20일 기준) 결과를 분석해 보면 젓가락을 주로 사용하는 현대 일본인의 식사 방식 및 구체적인 일본음식을 다음과 같은 객관적인 데이터로 파악할 수 있다.

그림 88 일본어 '젓가락(お箸)'과 공기하는 일본음식 워드클라우드

젓가락과 공기(共起)하는 일본음식 중 상위를 차지하는 음식을 살펴보면, 라면 («ラーメン»_2위), 우동(«うどん»_3위) 등 면류 음식이 눈에 띄고, 스시, 도시락 등 젓 가락으로 가볍게 섭취할 수 있는 일본 특유의 메뉴가 발달한 것을 알 수 있다.

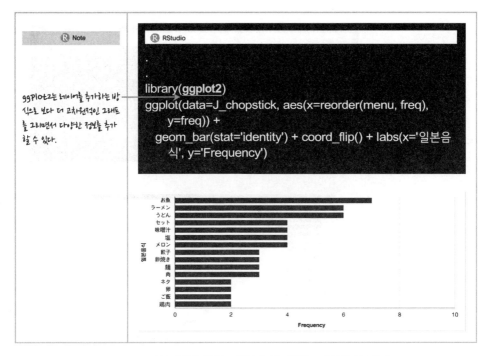

그림 89 일본어 '젓가락(お箸)'과 공기하는 일본음식 랭킹

　고대 중국에서 전해진 것으로 알려진 숟가락과 젓가락을 동시에 병행해서 사용하는 식사 방식이 오늘날까지 그대로 이어져 온 나라는 한국이 거의 유일하다고 할 수 있는데, 이는 한국의 음식이 세계에서도 제일 국물이 많은 '탕성(濕性) 음식'으로 발전하는 계기가 되었다고 할 수 있다. 우리나라의 음식은 숟가락을 사용하지 않으면 먹을 수 없는 탕류, 찌개류, 김치류, 장류와 같은 음식이 80%이상 차지하고 있어 이른바 우리나라 특유의 탕문화(「湯文化」)를 형성하기에 이른 것이다.

　일본어 젓가락(お箸)의 검색 방식과 동일하게(동일 크롤링 방식, 동일 날짜 및 시간대, 동일 개수) 한국어 '젓가락'을 키워드로 한 최신 1,000개의 트위터 글에서도, 일본이 젓가락으로 먹는 음식이 주(main) 요리임에 반하여 한국에서 젓가락으로 먹는 음식은 튀김, 계란, 생선, 닭발 등 탕문화 속에서 생성된 주 요리를 보조하는 사이드(side) 메뉴가 주를 이루는 것을 알 수 있다.

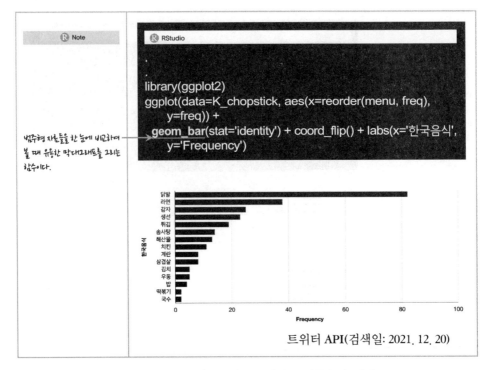

그림 90 한국어 '젓가락'과 공기하는 한국음식 랭킹

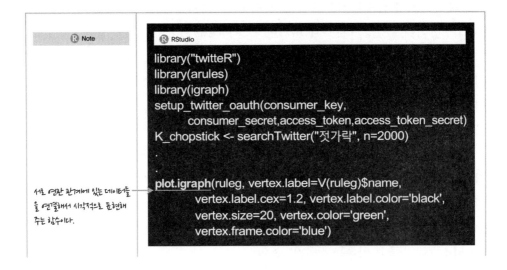

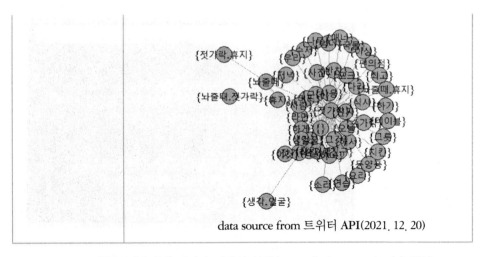

data source from 트위터 API(2021. 12. 20)

그림 91 한국어 '젓가락' 연관어 연관성 분석(association analysis) 결과

한국, 일본과 대조적으로 중국의 음식문화는 조리할 때 기름을 많이 사용하는데, 중국어에는 이를 반영하여 기름을 사용하는 다양한 '조리 방식'과 관련한 어휘가 다수 존재한다. 예를 들어, '소량의 기름으로 뛰기는 것을 의미하는 「炒[chǎo]」', '강한 화력으로 고온의 기름으로 재빠르게 볶는 것을 의미하는 「爆[bào]」', '다량의 기름으로 뛰기는 것을 의미하는 「炸[zhà]」', '뛰긴 후에 전분을 넣어서 점성을 높이는 「溜[liū]」', '소량의 기름으로 철판 위에서 볶는 「煎[jiān]」', '한쪽 면만을 지지는 「貼[tiē]」'(宮崎, 2006) 등 다양한 어휘가 존재하는 것으로 알려져 있다. 이에 반해, 소재 본연의 맛을 살리려는 일본의 음식문화 그리고 탕류 음식을 주로 하는 한국의 음식문화는 이와 관련한 어휘가 상대적으로 희박하다고 할 수 있다.

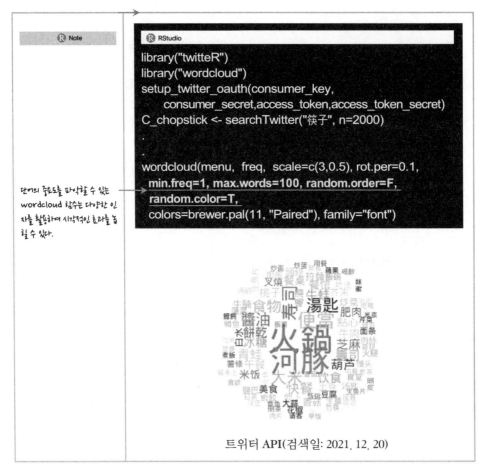

R Note

단어의 중요도를 파악할 수 있는 wordcloud 함수는 다양한 인자를 활용하여 시각적인 효과를 높일 수 있다.

```
library("twitteR")
library("wordcloud")
setup_twitter_oauth(consumer_key,
    consumer_secret,access_token,access_token_secret)
C_chopstick <- searchTwitter("筷子", n=2000)
.
.
wordcloud(menu,  freq,  scale=c(3,0.5), rot.per=0.1,
    min.freq=1, max.words=100, random.order=F,
    random.color=T,
    colors=brewer.pal(11, "Paired"), family="font")
```

트위터 API(검색일: 2021. 12. 20)

그림 92 중국어 '젓가락('筷子')과 공기하는 중국음식 워드크라우드

표 8 한중일의 젓가락을 사용하는 특징적인 음식 예시

한국	중국	일본
닭발	河豚	お魚
라면	火锅	ラーメン
생선	烤鸭	うどん
튀김	虾饺	味噌汁

　　또한, 중국은 여러 사람들이 빙글빙글 돌아가는 원형의 식탁(圓桌子_yuán zhuō zi)을 둘러싸고 요리를 공유하는 음식 문화가 존재한다. 이러한 중국 음식문화의 특성도 식사 도구에 그대로 투영되어있는 것으로, 멀리 떨어진 火鍋(huǒguō), 烤鴨(kǎoyā), 蝦餃(hāgáau) 등의 요리를 쉐어(share)하기에 편하게 한국과 일본에서 사용하는 젓가락보다 다소 긴 젓가락을 사용하는 것이다.

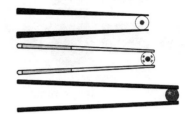

그림 93 중국의 원형 식탁(圓桌子) 이미지　　　그림 94 한중일의 젓가락 비교 이미지

한중일의 '라면'

　　김혜연(2021)에서는 「한국의 라면은 집에서 간단하게 끓여 먹는 면요리」, 「일본의 라멘(ラーメン)은 라멘 가게에서 장인이 만들어주는 면요리」라는 가설을 설정하여 이·한·노(2020)의 '이미지보팅시스템'을 활용하여 이에 대한 가설 검증을 시행하였다.

그림 95 이미지 보팅 화면(김혜연 2021:209)

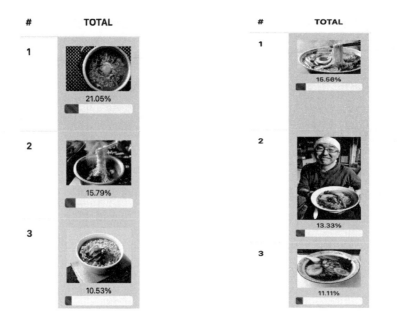

그림 96 보팅 결과이미지(김혜연 2021:210)

(이미지보팅시스템의 이미지 및 이를 활용한) 보팅결과 순위를 살펴보면, 면을 담는 용기에 있어, 한국은 냄비의 이미지가 강한 반면, 일본은 그

룻에 먹는다는 것을 알 수 있다. 또한, 국물 색깔을 보면, 한국은 빨간색의 이미지가 있는 것에 반해, 일본은 한국에 비해 빨갛지 않으며, 흐린 간장이나, 사골국물과 같은 색을 띠고 있는 것을 확인할 수 있다. 또한, 면 위에 올라와 있는 토핑 재료를 보면, 한국은 계란이나 파 위주로 한 두 개의 토핑이 올려져 있는 것에 비해, 일본은 반숙계란, 차슈(돼지편육), 김 등 토핑이 다양한 것을 알 수 있다. 또한, 한국의 '라면'의 이미지는 봉지라면, 컵라면이며, 일본의 '라멘'은 '라멘'을 만드는 사람이 이미지에 등장하는 것 등이 특징적이라고 할 수 있다.

김혜연(2021:209)

한중일의 트위팅 결과에서 '라면'은 '젓가락'과 연관된 한중일의 음식으로 공통적으로 등장하지만, 김혜연(2021)의 고찰에 따르면, 일본의 라면은 장인이 정성을 들여 만든 정식 요리(main dish)임에 반해, 한국의 라면은 집에서 가볍게 만들어 먹을 수 있는 인스턴트 라면(side dish)의 이미지가 강하다는 것을 알 수 있는데, 이는 본서의 컬처마이닝 문화이미지프레임망을 통해서도 유사한 결과임를 확인할 수 있다.

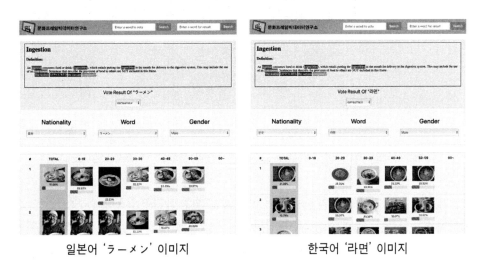

일본어 'ラーメン' 이미지   한국어 '라면' 이미지

그림 97 한일 문화이미지프레임망 검색 결과

원래 라면은 중국의 전시(戰時) 비상 식량에서 유래됐다는 것이 정설로 받아들여지고 있는데, 중국에서 탄생한 라면이 동아시아 문화권에서 서로 다른 발전 과정을 거쳐온 것이라고 할 수 있다. 이러한 사실은 이(2019)의 한중일 문화요소추출시스템의 한국어('라면'), 중국어('方便面'), 일본어('ラーメン')의 검색결과에서도 확인할 수 있는데, 한국어('라면')의 최상위 검색어가 일본을 원조국으로 하는 '컵라면'이, 그리고 본래 라면의 원조국이라고 할 수 있는 중국어('方便面')의 검색에서 '일본(日本)'이라고 하는 나라명이 최고 빈도수를 기록하는 것은 매우 특이한 결과라고 할 수 있다.

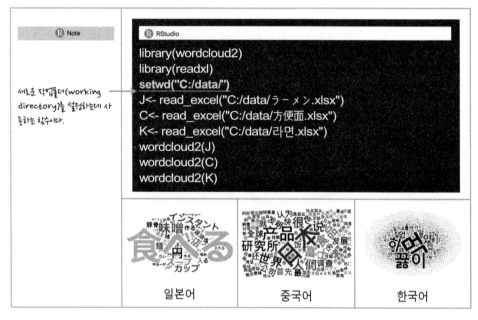

그림 98 각국의 '라면' 연관어 워드크라우드_한중일 문화요소추출시스템(CEMS)

언어가 단순한 의사소통의 도구만이 아니라 문화와 불가분의 관계를 맺고 있다는 것은 동일 언어공동체에 속한 구성원들의 언어를 통한 경험의 표출과 창출 활동 과정, 그리고 이러한 경험의 축적이 해당 언어공동체의 문화가 된다는 점에서 쉽게 이해할 수 있다. 언어공동체가 다르면 그 속에서 경험하는 것이 다를 것이며 이로 인하여 발생하는 문화적 차이가 언어에 그대로 투영되는 것이다.

컬처마이닝('젓가락', '라면')의 부가가치

　글로벌화 세계화를 직접적으로 피부로 느낄 수 있는 것이 음식문화이다. 17세기 서구인들의 눈에 특출난 것으로 비추었던 일본에서의 젓가락의 사용은 지금은 세계 어디에서나 흔히 볼 수 있는 모습이 되었다.

　한국어, 일본어, 중국어의 '젓가락'의 검색 방식과 동일하게(동일 크롤링 방식, 동일 날짜 및 시간대, 동일 개수) 영어, 'chopstick'을 검색어로 한 최신 1,000개의 트위팅 결과를 가지고 R을 활용하여 연관성 분석(association analysis)을 실시하였다.

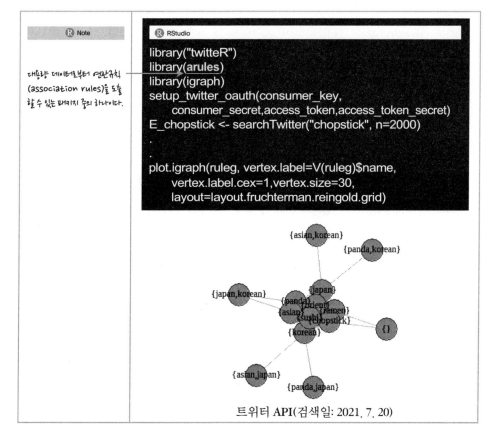

트위터 API(검색일: 2021. 7. 20)

그림 99 영어 'chopstick'과 공기하는 영어단어 연관성 분석(association analysis) 결과-1

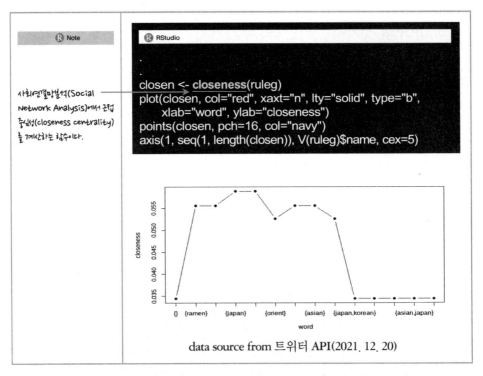

그림 100 영어 'chopstick' 연관어 검색 시각화 예시

연관성 분석(Association Analysis) 결과를 살펴보면, 젓가락(chopstick)과 일본음식(sushi, ramen 등), 일본인(Japanese) 등 일본과 직접적인 관련성을 맺는 단어가 눈에 띄는 것만큼 한국, 중국 등 아시아 전체와 관련한 어휘도 쉽게 찾아볼 수 있다.

글로벌화 세계화를 직접적으로 피부로 느낄 수 있는 것이 음식문화이다. 17세기 서구인들의 눈에 특출난 것으로 비추었던 일본에서의 젓가락의 사용은 지금은 세계 어디에서나 흔히 볼 수 있는 모습이다. 일찍이 일본은 국가 전체의 전략적인 차원에서 일식의 세계화에 노력해왔다. 이는 젓가락(chopstick)의 검색 결과를 통해서도 '일본음식이 서구인들에게 가장 인지도가 높은 아시아를 대표하는 음식의 하나'로 손꼽히게 된 것을 쉽게 확인할 수 있는데, 우리도 일상에서 흔히 사용하는 '젓가락' 하나가 만들어낸 일본음식 전체의 브랜드 가치 증대라고 할 수 있다.

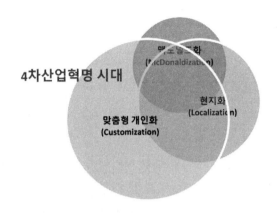

그림 101 맞춤형 개인화(customization)

　4차산업혁명은 점차 국경의 의미를 무색하게 만들고 있다. 글로벌 기업들도 세계화 전략에 있어서 맥도날드화(McDonaldization)로 대표되는 표준화와 현지시장에 특화된 현지화(Localization)의 양단에서 전략적인 선택을 하던 시대에서 글로벌 고객의 다양한 수요에 대응하는 고객 맞춤형 개인화(Customization)에 대한 요구에 직면하고 있다. 컬처마이닝은 다양한 언어문화권에서 기하급수적으로 쌓여나가고 있는 빅데이터 속에서 각 언어문화권의 차별화된 문화요소 및 감성요소의 발굴을 통해 다양한 부가가치를 찾아낼 수 있는데, 기업의 글로벌 시장 전개 및 현지화 전략은 물론, 고객의 다변화되는 디테일한 요구에 대응하는 비즈니스 모델 개발 및 확장에 공헌할 수 있을 것으로 기대된다.

그림 102 문화 빅데이터 기반 사업화 예시

RSelenium

 기하급수적으로 증가하고 있는 정보의 보고, 웹사이트에서 유용한 정보만을 수집하여 데이터 분석에 용이한 형태로 가공하는 웹 크롤링(web crawling) 기술 중의 하나가 바로 selenium이다. 각종 SNS 및 포털사이트 등에서 제공하는 오픈 API, 해당 웹페이지의 HTML 태그 정보 분석을 통한 데이터 수집 등 다양한 웹 크롤링 방식이 존재하지만 여러 제약 조건으로 크롤링의 한계가 존재한다.

 selenium은 웹 어플리케이션을 테스트하기 위한 도구로 개발된 것으로 파이어폭스(firefox), 인터넷 익스플로어(internet explorer), 크롬(chrome) 등의 웹 브라우저의 동작을 자동 제어할 수 있는데, 이러한 기능을 활용하면 간단한 프로그래밍으로 웹브라우저의 동작을 제어해서 마치 구축자가 실시간으로 직접 크롤링하는 것 같이 실시간으로 웹페이지의 정보를 요청하고 응답을 받아올 수 있어 웹 크롤링의 한계를 크게 극복할 수 있는 수단으로 주목받고 있다.

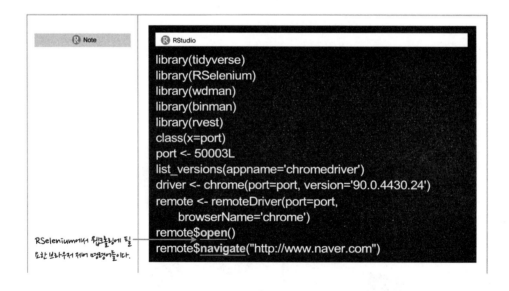

R Note

```
R RStudio
library(tidyverse)
library(RSelenium)
library(wdman)
library(binman)
library(rvest)
class(x=port)
port <- 50003L
list_versions(appname='chromedriver')
driver <- chrome(port=port, version='90.0.4430.24')
remote <- remoteDriver(port=port,
    browserName='chrome')
remote$open()
remote$navigate("http://www.naver.com")
```

RSelenium에서 웹크롤링에 될
모한 브라우저 제어 명령어들이다.

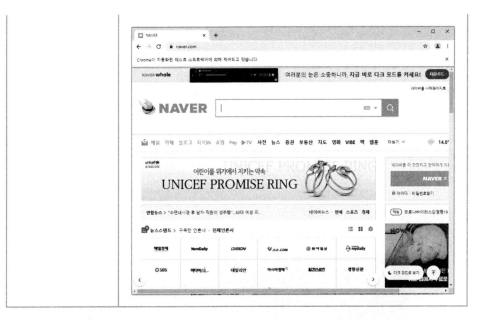

그림 103 RSelenium 실행 결과 예시(www.naver.com)

제7장

컬처마이닝의 활용성

　소비자의 니즈가 다원화되고 있고, 다문화, 글로벌화가 가속화되고 있는 작금의 시대에, 본고의 컬처마이닝을 통해 추출되는 언어별, 지역별, 세대별, 성별 문화요소는 다양한 부가가치(value)를 창출할 수 있는 지식정보(insight)의 원천이라고 할 수 있다. 일명 빅데이터시대에 있어서 텍스트 언어에 대한 컴퓨터의 정확한 인지, 나아가 컴퓨터가 이미지의 정보를 정확하게 식별해내는 이미지 인식기술은 우리 주변의 실생활을 변화시키고 있는 4차 산업혁명시대를 선도하는 기술이다. 컬처마이닝(Culture Mining)을 통해 생성되는 다중언어의 이문화 · 다문화 텍스트 & 이미지 기반 빅데이터 정보는 이들 기술의 기반 데이터로써 다양한 부가 가치를 만들어낼 수 있을 것으로 기대할 수 있고, 근본적으로는 다문화 · 다언어 사회의 이해의 폭을 증대시킬 수 있는 이문화(異文化) 커뮤니케이션 및 다양한 교육적 · 연구적 · 실용적 활용가치를 담지하고 있다.

Culture Mining is the process of finding useful or interesting 'cultural elements' -life styles, patterns, fashions, trends, models, beliefs, rules, frames etc.- of a specific region or a generation from unstructured text, various image sets by comparing different languages and cultures.

컬처 마이닝이란 인간의 문화를 표현하고 있는 다양한 미디어(텍스트, 이미지, 동영상 등)를 분석하여 언어/지역/성별/세대별 문화를 구성하는 문화 요소와 그들간의 관계를 발견해가는 과정이다.

그림 104 컬처마이닝의 활용성

4차 산업혁명과 관련하여 화두가 되고 있는 인공지능(AI), 빅데이터(Big Data), IoT(Internet of Things) 등의 기술은 컴퓨터가 인간이 사용하는 자연언어를 어떻게 얼마나 정확하게 인식할 수 있냐에 대한 자연언어처리(natural language process) 연구가 그 근저에 있다고 할 수 있다. 기존의 신문, 잡지, 소설 등의 문어텍스트, 방송, 토론, 일상대화 등의 구어텍스트뿐만 아니라, 최근 SNS, 블로그, 게시판 등 다양한 뉴미디어를 통하여 생성되는 텍스트, 음성, 영상 콘텐츠 등 다양한 형태의 데이터들로 수십억, 수백억 단어 규모의 빅데이터 정보가 쌓여 나가고 있어, 무한에 가까운 데이터를 일일이 고찰하는 것은 사실상 불가능한 일이다. 다양하고 방대한 규모로 축적되고 있는 데이터들을 정제된 데이터베이스 구조로 변형하여 이로부터 의미 있는 정보를 도출하기 위해서는 자연언어처리 기술 및 통계적 데이터 해석 기술은 물론, 특정 연구주제에 대한 종합적인 사고력을 바탕으로 한 융합적 성찰과 통찰력이 뒷받침되어야 한다. 결과적으로 본서의 컬처마이닝 연구는 인문과학적 어문화(語文化)연구와 이공학적 데이터처리 기술의 만남이 전제가 된 융합적 학문(Interdisciplinarity)이라고 할 수 있다.

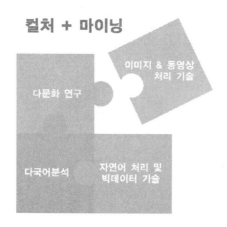

그림 105 컬처마이닝 연구 개요

포괄적인 범위에서 복수학제간 연구(Pluridisciplinary)를 분류한 것은 ESP(European Science Foundation, 2011)의 'Peer Group Review'에서 찾아볼 수 있다. 이 기준에 따르면 복수학제연구(Pluridisciplinary)는 다학문적연구(Multidisciplinarity), 학제간연구

(Interdisciplinarity), 교차학문적연구(Crossdisciplinarity), 초학문적연구(Transdisciplinarity)
로 크게 4가지로 구분할 수 있다.

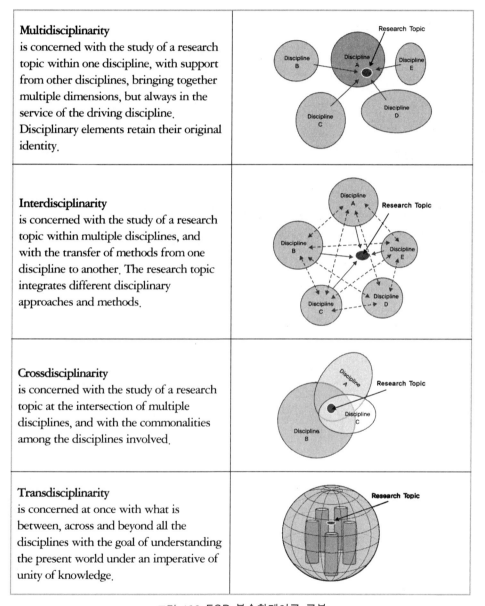

Multidisciplinarity is concerned with the study of a research topic within one discipline, with support from other disciplines, bringing together multiple dimensions, but always in the service of the driving discipline. Disciplinary elements retain their original identity.	
Interdisciplinarity is concerned with the study of a research topic within multiple disciplines, and with the transfer of methods from one discipline to another. The research topic integrates different disciplinary approaches and methods.	
Crossdisciplinarity is concerned with the study of a research topic at the intersection of multiple disciplines, and with the commonalities among the disciplines involved.	
Transdisciplinarity is concerned at once with what is between, across and beyond all the disciplines with the goal of understanding the present world under an imperative of unity of knowledge.	

그림 106 ESP 복수학제연구 구분

소비자의 감성과 연결된 플랫폼 기반 각종 서비스들이 우후죽순 생겨나고 있다. 이들 서비스들은 특정 기술, 특정 지식만으로 해결할 수 없는 영역이 분명히 존재하게 마련인데, 서비스 구현을 위한 알고리즘의 개발은 기술의 영역이지만, 이를 통해 소비자의 마음을 사로잡아 비즈니스로 실현시키기 위해서는 인간의 본능과 연결된 철학, 심리학, 사회과학 등과 같은 인본주의에 바탕을 둔 다학제간 융복합연구가 필요한 것이다.

어문화교육

언어와 문화가 서로 뗄래야 뗄 수 없는 불가분의 관계에 있다는 사실에 대하여 부인하는 사람은 없을 것이다. 언어는 문화의 투영된 모습으로 언어현상 속에서 다양한 문화적 요소가 발견될 수 있다. 언어는 의사소통의 수단으로써 뿐만 아니라, 고차원적인 개념은 물론, 인류의 문명 문화 창출의 매개체로써의 역할을 충실히 수행해 왔다.

인류의 문화는 인간으로서의 보편성을 지니며 동시에 각 문화공동체가 당면한 주변 환경에 따라 타 언어문화권과 차별화된 상대적 특수성도 담지한다. 예를 들어 어떠한 문화에서나 존재하는 인사방식, 식사방식 등 인류 보편적인 문화양식이라 할지라도 각 개별 언어문화권의 문화적 특수성이 존재하는데, 이러한 문화적인 특수성이 바로 언어교육에 있어서 빼놓을 수 없는 중요 '문화요소(cultural element)'라고 할 수 있다.

언어와 문화의 불가분성, 개별언어의 문화요소 도입을 통한 언어교육의 수월성 등으로 특히 외국어교육에 있어서 문화적 요소를 적극적으로 도입하려는 노력의 일환으로 언어교육과 문화교육을 접목하려고 하는 일련의 시도가 있다. 예를 들어 'linguaculture'(Fantini 1995), 'languaculture'(Agar 1994), 'language and culture' (Byram & Morgan 1994) 등이 바로 언어와 문화의 불가분성을 반영하여 만들어진 조어들인데, 이는 언어와 문화의 융합 교육의 필요성을 반영하는 것이라고 할 수 있다. 특히 학습자 자신의 자(自)문화와 목표외국어의 이(異)문화와의 자연스러운 대조와 비교가 가능한 외국어교육에 있어서 문화적 요소의 적극적인 도입은 언어교육의 효율성을 높이는데 크게 기여할 수 있을 것이다.

언어는 문화의 산물이며 동시에 생활양식, 습관, 관습, 사상 등 인간의 문화를 구현하는 수단이기도 하다. 또한, 이렇게 구현된 문화에 대한 실체적 탐구는 개별 언어 속에서 각 언어문화권의 특징적인 문화적 요소를 구체적으로 발견해 내는 과정에서 특정 가능하다.

Bennett(1997)가 지적하는 유창한 바보(fluent fool)를 미연에 예방하기 위한 방안으로서도 외국어교육에 있어서 문화요소의 도입은 반드시 필요한 것이다.

A fluent fool is someone who speaks a foreign language well but doesn't understand the social or philosophical content of that language. Such people are likely to get into all sorts of trouble because both they themselves and others overestimate their ability. They may be invited into complicated social situations where they cannot understand the events deeply enough to avoid giving or taking offense. Eventually, fluent fools may develop negative opinions of the native speakers whose language they understand but whose basic beliefs and values contribute to elude them.(Bennett, 1997, p. 16)

-'유창한 바보'란 어떤 외국어를 능숙하게 말할 수는 있지만 해당 언어의 사회적·철학적인 내용을 이해하지 못하는 사람을 말한다. 그런 사람들은 그들의 문화 소통능력이 과대평가되어 여러 곤경에 처하기 쉽다. 이로 인해 그들이 범할 가능성이 있는 실수를 상대에게 범하거나 또는 이로 말미암아 발생하는 오해를 상대로부터 피하 기 힘들고, 또한 어떤 문화적인 상황을 이해할 수 없음에서 기인하는 복잡 미묘한 사회적인 상황에 처할 수 있다. 결국에, '유창한 바보들'은 목표 외국어를 구사하는 모어화자들에게 그들에 대한 부정적인 인상(의견)을 형성시키고 이는 결국 원활한 소통을 방해하는 원인이 되는 것이다.(본서 의역)-

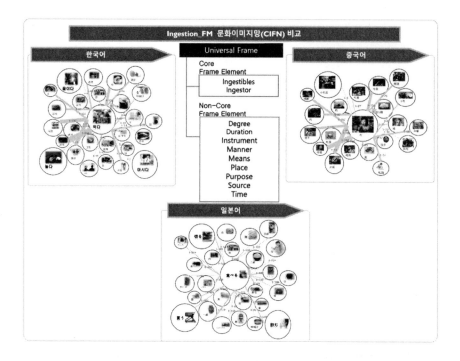

그림 107 학습 및 교육용 문화이미지프레임 구현 예시

외국어교육에 있어서 문화요소의 도입 필요성이 강조되고 있음에도 불구하고, 실제 교육현장에 있어서 교육행위자들의 목표문화에 대한 지식부재, 방법론 등 제반 요인으로 인하여 적극적인 문화요소의 도입에 어려움이 있다(김용섭 2013: 1069). 이에 정치, 경제, 역사, 문학 등 객관적인 문화에 대한 교육이 언어 수업과 분리되어 이루어지고 있는 것이 일반적인데, 다중 언어의 비교와 대조를 통하여 객관성이 충분히 담보된 문화요소와 그들간의 관계를 발견해가는 과정에서 구축되는 컬처마이닝의 결과물(ex. 문화이미지프레임)은 학습자의 의사소통능력을 제고하며 언어와 문화의 병행 교육의 수월성을 높일 수 있는 학습 및 교육 자료로 활용될 수 있다.

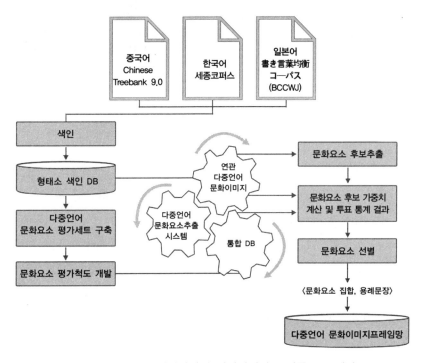

그림 108 본서의 컬처마이닝 데이터베이스 연동구조 예시

본 컬처마이닝 데이터베이스의 기본틀을 구성하는 다국어 코퍼스 단어들은 사전 형식으로 인덱싱된 것으로, 이와 연동될 수 있는 다양한 다국어 사전 정보를 활용하

면 언어간 교차 링크가 가능해 하나의 데이터베이스 구조로 통합될 수 있다. 이에 본 데이터베이스의 활용을 통해 다음과 같이 교육적 연구적 더 나아가 실용적 목적의 다양한 시도가 가능하다.

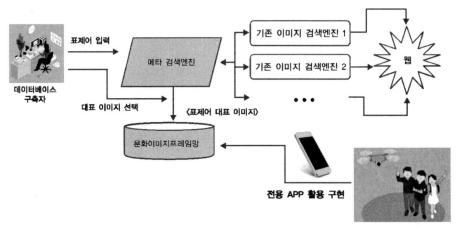

이준서 & 노웅기(2014) 일부 본서 수정

그림 109 문화이미지 구현 이미지

기존 텍스트 언어만을 이용한 외국어 교육이 단순 암기에 의한 단기기억에 의존하는 것이었다면, 문화요소가 반영된 문화이미지프레임을 활용한 외국어 교육은 좌·우 양뇌를 동시에 자극함으로써, 단기기억에서 장기기억으로의 고정화(memory consolidation)에 크게 기여할 수 있다. 즉, 텍스트 언어를 통한 단순한 단어의 암기는 단기기억 속에 저장되어 쉽게 망각되기 쉬운데 반해, 이미지 등 이벤트와 연계된 단어는 일화기억(episodic memory)으로 장기기억화하여, 실제 일본어 구사에 있어서도 쉽게 복원(retrieval) 가능한 것이 된다.

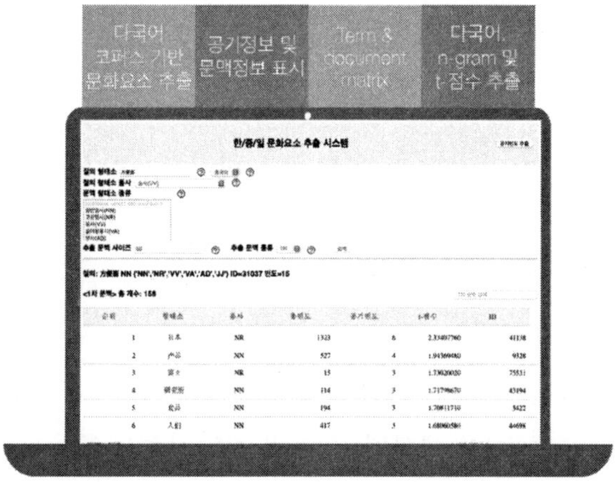

그림 110 다국어 문화요소 추출시스템 예시

또한, 본 컬처마이닝의 문화이미지프레임망 보팅시스템은 모바일 환경에서도 누구나 언제든지 쉽게 접근 가능한 개방형 플랫폼으로, 학습자가 본 문화이미지프레임망의 구축자의 역할을 수행해봄으로써 선택적 주의집중력(selective attention)의 향상을 기대할 수 있다. 문화이미지프레임의 구축 과정에서 후보 이미지들 중에서 각 언어의 문화요소가 가장 잘 반영된 이미지를 선별하는 작업을 반복함으로써, 각 언어의 대표성을 갖는 문화프레임의 특성에 대해 일반화하는 언어 인지능력을 키울 수 있다.

그림 111 모바일 문화이미지프레임망 보팅시스템 예시

시계열 분석

컬처마이닝의 분석대상인 SNS 및 CGM 등 뉴미디어가 생산하는 데이터의 대부분은 위치 및 시계열 기반의 데이터가 주를 이룬다. 빅데이터 분석에 있어서 상관관계(correlation)와 인과관계(causation)의 혼동을 가장 경계해야하는데, 위치 및 시계열과 연동된 데이터는 인과성이 매우 높아 '과거가 미래에 어떤 영향을 주는가?'라고 하는 직접적인 인과관계를 파악하는데 매우 유용할 수 있다.

본서의 컬처마이닝은 성별, 세대별, 국가별 집단지성을 활용한 다수결 투표방식(majority voting)의 통계 데이터를 기본 분석 데이터로 하는 것으로 시계열 기반의 데이터가 주를 이룬다.

	term	_count	nationality	origin	_date	image	super
1	준비	0	korean	ready.a	<null>	49	Activity_ready_state
2	떠나다	0	korean	leave.v	<null>	49	Abandonment
3	잊다	0	korean	forget.v	<null>	49	Abandonment
4	아침	21	korean	breakfast.v	2021-03-25 18:32:39	49	Ingestion
5	조식	0	korean	breakfast.v	<null>	49	Ingestion
6	早餐	0	chinese	breakfast.v	<null>	49	Ingestion
7	朝ご飯	1	japanese	breakfast.v	2020-05-05 10:22:33	49	Ingestion
8	朝食	0	japanese	breakfast.v	<null>	49	Ingestion
9	젓가락	6	korean	ingestion.n	2021-04-01 10:01:00	49	Ingestion
10	筷子	3	chinese	ingestion.n	2020-05-08 07:44:28	49	Ingestion
11	お箸	3	japanese	ingestion.n	2020-05-08 07:43:38	49	Ingestion
12	라면	5	korean	consume.v	2021-03-26 15:55:00	49	Ingestion
13	方便面	37	chinese	consume.v	2020-09-18 15:54:12	49	Ingestion
14	ラーメン	18	japanese	consume.v	2020-09-19 17:29:02	49	Ingestion
15	호텔	4	korean	stay.n	2021-03-16 13:13:48	49	Temporary_stay
16	여관	7	korean	stay.n	2021-03-03 13:39:25	49	Temporary_stay
17	酒店	46	chinese	stay.n	2021-04-07 17:20:02	49	Temporary_stay
18	ホテル	8	japanese	stay.n	2020-08-31 02:16:47	49	Temporary_stay
19	旅館	10	japanese	stay.n	2020-09-19 17:28:05	49	Temporary_stay
20	버리다	5	korean	abandon.v	2021-04-08 15:18:41	49	Abandonment

그림 112 본서의 시계열 기반 데이터베이스 예시

특히, 신문, 잡지, 소설 등과 같은 정제된 문장과 달리 CGM 및 SNS 상의 텍스트 정보는 은어, 비속어, 신조어, 방언, 심지어는 비문법적인 표현 등으로 구성되는 경우가 많아서, 이에 대한 빅데이터 분석이 용이하지 않은데, 시시각각 변화하는 다국어를 기반으로 하는 컬처마이닝은 성별/세대/언어를 초월한 각종 비정형 빅데이터에 대응할 수 있는 것이다.

'역사는 반복된다(history repeats itself)'는 말이 상징하듯이 장기적인 관점에서뿐만 아니라 단기적인 관점에서도 과거의 데이터는 미래를 예측할 수 있는 중요 근거가 될 수 있다. 시간의 흐름에 따라 순차적으로 기록된 데이터를 가리키는 시계열 데이터를 관찰하면 어떤 추세(trend), 계절성(seasonality), 반복성(cycle)이 보이게 마련인데, 이러한 분석을 통해 미래를 예측할 수 있는 것이다.

R Note

Kaggle에서 얻은 삼성 SSD에 대한 최근 18년간의 아마존 고객 평 데이터를 활용하였다

영어권에서 수집한 데이터이므로 영어권 로케일로 설정하였다.

```
R RStudio
library(tidytext)
library(tidyverse)
library(lubridate)
library(readr)
amazon <- read_csv("C:/data/ama.csv")
amazon$date=as.Date(amazon$date)
samsung=unnest_tokens(tbl=amazon, output=word,
    input=body, token="words") %>%
 anti_join(stop_words, by="word")
samsung_sentiment=samsung %>%
    inner_join(get_sentiments("bing"), by="word") %>%
    count(date, word, sentiment, sort=TRUE) %>%
    group_by(sentiment) %>%
    ungroup()
samsung_sentiment_date=samsung_sentiment %>%
    mutate(time=floor_date(x=date, unit="month")) %>%
    count(sentiment, time) %>%
    group_by(sentiment) %>%
    slice(2:(n()-1)) %>%
    ungroup()
Sys.setlocale("LC_TIME", "English")
windows(width=11, height = 5.5)
ggplot(samsung_sentiment_date,
    aes(x=time, y=n, fill=sentiment, color=sentiment)) +
    geom_area(position="identity", alpha=0.3) +
    geom_line(size=1.5) +
    scale_fill_manual(labels=c("Negative", "Positive"),
                values=c("orangered", "deepskyblue2")) +
    scale_color_manual(labels=c("Negative", "Positive"),
                values=c("orangered", "deepskyblue2")) +
    scale_x_date(date_labels = "%b %Y", date_breaks = "1
       year") +
    labs(x=NULL, y="count") +
    theme(legend.position = "bottom", legend.title =
       element_blank())
```

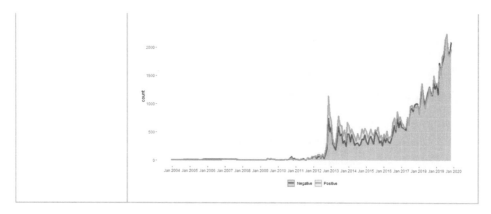

그림 113 삼성 내장 SSD(850 EVO 2.5″ 250GB SATA Ⅲ 3D NAND 고객평 변화_@ NewEgg store) data source from Kaggle

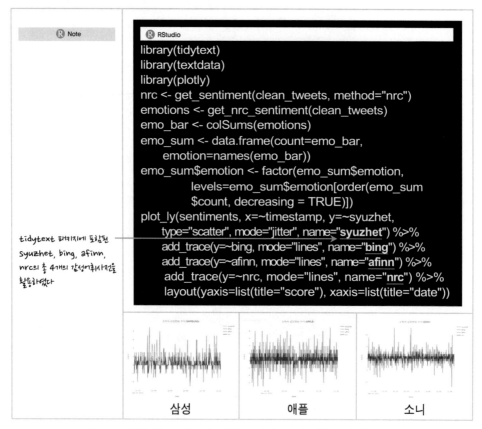

그림 114 최근 각 브랜드에 대한 시계열 기반 감정변화 추이 분석

그림 114는 글로벌기업, 삼성, 애플, 소니에 대한 최신 트윗을 대상으로 '소비자 감정변화'를 시계열 기반으로 나타낸 그래프이다. 매우 짧은 기간에 대한 감정변화라고 할지라도 시시각각 급변하는 소비자의 각 기업에 대한 이미지 변화 추이를 시각적으로 파악할 수 있다. 세계 도처에서 글로벌 비즈니스 활동을 전개하는 기업체의 입장에서 시시각각 변화하는 고객의 반응에 민감하게 대처해야 하는데, 경쟁 기업과 대비된 시계열 기반의 데이터를 활용한 컬처마이닝의 유용성을 가늠해볼 수 있는 것이다.

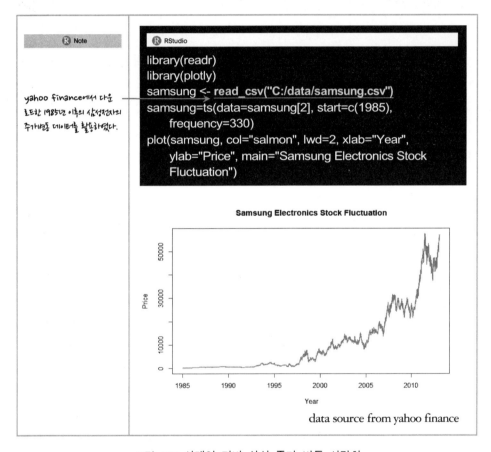

그림 115 시계열 기반 삼성 주가 변동 시각화

시계열 예측 문제는 우리들이 일상에서 흔히 직면하는 문제라고 할 수 있는데, 시계열 데이터에 기반한 주요 경제 지표의 예측 및 이를 바탕으로 한 비즈니스 수요 전망, 그리고 실제 비즈니스 전략 수립 및 의사 결정 등 이미 그 실용성이 검증되고 있다. 특히 언어문화권을 초월한 컬처마이닝의 기반 데이터가 바로 시계열과 연동되어 있다는 점에서, 더욱 더 크게 확장될 것으로 전망되는 글로벌 비즈니스 환경에서 컬처마이닝의 활용가치가 다양한 분야에서 주목을 받을 것으로 기대된다.

현지화 전략

이념과 정치적인 이유로 판매가 금지된 북한과 쿠바를 제외하고 전 세계에 진출한 코카콜라를 모르는 사람은 없을 것이다. 그러나 매년 브랜드 가치 평가(Most Valuable Global Brands)에서 상위 랭킹을 차지하고 있는 브랜드 인지도를 자랑하고 있는 코카콜라도 중국에 진출할 당시에는 고전을 면치 못했다는 이야기는 아주 유명하다.

Rank	Brand	Brand Value	1-Yr Value Change	Brand Revenue	Industry
1	Apple	$241.2 B	17%	$260.2 B	Technology
2	Google	$207.5 B	24%	$145.6 B	Technology
3	Microsoft	$162.9 B	30%	$125.8 B	Technology
4	Amazon	$135.4 B	40%	$260.5 B	Technology
5	Facebook	$70.3 B	–21%	$49.7 B	Technology
6	Coca-Cola	$64.4 B	9%	$25.2 B	Beverages
7	Disney	$61.3 B	18%	$38.7 B	Leisure
8	Samsung	$50.4 B	–5%	$209.5 B	Technology
9	Louis Vuitton	$47.2 B	20%	$15 B	Luxury
10	McDonald's	$46.1 B	5%	$100.2 B	Restaurants

https://www.forbes.com/the-worlds-most-valuable-brands/#10ed1fd7119c

그림 116 2020 브랜드 가치 평가(Most Valuable Global Brands) 순위

중국은 중국 중심의 중화사상(中華思想)이 매우 강해서 중국어는 외래어 표기에 있어서도 '음역'(音译)이라고 해서 비슷한 발음의 한자를 차용하는 것이 일반적이다. 이때 외래어와의 발음의 유사성을 최우선시하다 보면, 한자어의 뜻과 제품의 이미지가 어울리지 않아서 위화감을 유발하는 경우가 종종 발생한다. 코카콜라도 중국 진출 당시 'Coca Cora'라고 하는 발음에 큰 비중을 두고, 이와 가장 유사한 한자음으로 조합된 '蝌蝌啃蜡'(kēkēkěnlà)라고 이름을 지었다. 그러나 각각의 한자어의 의미를 살펴보면 '올챙이들(蝌蝌)이 양초를 씹어먹는다(啃蜡)'라고 하는 다소 사람이 마시는 음료와는 괴리가 있고, 심지어는 불쾌감을 심어주는 네이밍이 되어버린 것이다. 이에 매번 해외 진출에 성공했던 코카콜라도 중국 진출 당시에는 뼈저린 실패를 맛볼 수 밖에 없었던 것이다. 이러한 사태의 심각성을 인식한 코카콜라는 급기야 당시 350파운드라고 하는 거액의 상금을 내걸고 상표 공모를 실시하여, '입에 맞다'(可口), '입이 즐겁다'(可樂)라고 하는 발음과 의미가 멋떨어지게 일치하는 지금의 '可口可乐'(kěkǒukělè)가 만들어진 것이다. 청량감 넘치는 의미의 상표로 좋은 브랜드 이미지를 가지게 된 코카콜라는 마침내 중국 소비자의 환심을 얻어내면서 매출이 수직으로 상승하는 계기가 되어 비로소 중국 진출에 성공할 수 있었다.

그림 117 중국의 코카콜라 이미지

우리나라의 오리온 초코파이의 경우도 중국에서 매우 인기가 높은 것으로 알려져 있는데, 중국에서의 현지화 전략이 성공한 모범사례로 손꼽힌다. 우리나라에서는 소비자의 감성에 호소하는 '정(情)'이라는 한자어로 감성마케팅에 성공한 오리온 초코파이가, 중국에서는 '인의예지신(仁義禮智信)' 중에서 으뜸 덕목이라고 할 수 있는 '인(仁)'으로 '정(情)'을 대체하였는데, 공자의 나라인 중국인의 정서에 호소하려고 의도한 현지화 전략이라고 할 수 있다.

그림 118 오리온 초코파이 한중 패키징 이미지 예시

전 세계적인 글로벌화(globalization)를 통하여 사업을 확장하려는 글로벌 기업체가, 언어와 문화가 상이한 글로벌 소비시장에서 마켓팅 전략을 구사하는데 있어서, 현지의 문화적, 정치적, 사회적 특성에 부합한 특화 전략, 즉 현지화(localization) 전략의 중요성이 대두되고 있다.

그림 119 CSR 이미지

특히 신자유주의의 거센 물결로 글로벌 기업체의 권력이 더욱 더 커져감에 따라서 이에 부합한 기업체의 책임을 물어야 한다는 논리로 CSR(Corporate Social Responsibility) 국제표준(ISO26000)까지 제정된 상황이다.

세계 각국에 글로벌 비즈니스를 전개하여 이윤을 극대화하려는 글로벌 기업체의 입장에서는 각 문화권에 특화된 CSR 활동의 발굴과 이를 통한 현지화(localization)에의 요구가 절실하다. 컬처마이닝은 적극적인 CSR활동을 위한 언어별, 지역별, 세대별, 성별 문화요소의 발굴을 통해, 기업체의 이미지 제고는 물론, 기업의 브랜드 가치 및 제품에 대한 신뢰도 향상 등 직접적인 매출성장률 제고의 계기를 마련해 줄 것으로 기대할 수 있다.

표 9 CSR 활동에 따른 가치 창출의 기회

가치	동인(Drivers)	관련 활동 예
성장	신규시장	• CSR 활동에 기반 한 노출(인지)를 통해 새로운 시장 접근
	신제품	• 미충족 된 사회적 니즈를 겨냥한 제품/서비스 • 차별화를 강화한 제품/서비스
	새로운 고객/ 시장점유율	• 소비자들의 참여활동 강화 • 소비자 기대 및 행동에 부응
	혁신	• 미충족 된 사회적/환경적 니즈를 위한 혁신적인 기술/제품/ 서비스 개발 및 상업화 활용(예 : 특허, 지적 자산)
	명성/차별화	• 브랜드 충성도, 명성, 이해당사자와의 우호 관계 향상
자본 수익	운영 효율성	• 환경 친화적 운영 및 관행을 통한 현상으로부터의 비용 절감 (예 : 에너지/수자원 효율성, 원자재 사용을 감축 등)
	인력 효율성	• CSR 활동을 통한 지원 사기 향상 • 이를 통한 이직/채용 비용 절감
	명성/가격 프리미엄	• CSR 활동 참여를 통한 생산성 향상 • 향상된 명성을 통해 프리미엄 가격에 대한 소비자의 지불 의지 제고

유험 관리	규제위험	• 규제요건, 산업표준, 비정부기구의 요구 등에 대한 준수를 통해 위험 수준 감소
	공공사업 지원	• 사업 운영, 신규시장 진출, 지역사회의 저항감소를 위한 능력 강화
	공급망	• 지역사회의 복지/발전에 기여함으로써 안전하고 고품질의 원자재/제품에 대한 장기적이고 지속 가능한 접근성 확보
	명성에 대한 위험	• 부정적 여론 형성이나 보이콧 등의 회피
경영의 질	리더십 육성	• CSR 활동 참여를 통해 다양한 경험/관계에 기반한 리더십 스킬 육성
	적응 능력	• 지역사회 활동에 대한 참여를 통해 정치/사회적 변화에 대한 적응 능력 확보
	장기적 전략의 관점	• CSR 이슈를 망라하는 장기적 전략 수립

자료: S.Bonini, T.M, Loller and P.H Mirvis(2009); 신원무(2010), p.11.

문화관광

문화관광은 과거 인류가 남긴 역사적인 산물, 유물 등을 탐방하는 협의의 의미에서 최근에는 '문화'를 주제로 한 관광 스토리텔링, 예술 관람, 음식관광, 문화이벤트, 테마파크 및 유적 탐방 등 광의의 다양한 관광활동을 의미한다. 기존의 대중관광(mass tourism)의 한계와 문제점이 대두되고 문화소비에 대한 관심과 관광수요의 다변화로 인하여 최근 문화관광이 크게 주목받고 있다.

문화관광의 하나의 유형이라고 할 수 있는 테마파크는 과학기술을 활용한 판타지, 자연과 민속 문화, 캐릭터 등을 소재로 활용해 방문객에게 유희와 감동을 선사하기 위해 조성된 문화 레저공간으로 고부가가치를 창출해내는 첨단 문화관광상품으로 주목을 끌고 있다. 세계적으로도 유례를 찾아보기 힘든 리피터(repeater_재방문객) 비율을 자랑하는 대표적인 테마파크로 일본의 도쿄 디즈니랜드를 손꼽을 수 있는데,

매년 2회 이상 이용하는 고객의 비중이 98퍼센트 이상, 10회 이상 60퍼센트, 30회 이상 20퍼센트를 기록한다. 1983년 미국 이외의 나라로는 처음으로 일본 치바현에 만들어진 도쿄 디즈니랜드는 개원 이래로 매년 입장객수 약 1천만명 이상이라고 하는 경이적인 기록을 달성하며 미국의 플로리다주와 캘리포니아주에 위치한 디즈니랜드에 이어서 세계 3위의 규모를 자랑한다.

표 10 지역별 도쿄디즈니랜드 방문횟수

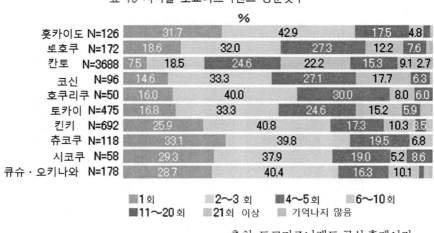

출처: 도쿄디즈니랜드 공식 홈페이지

1990년대 초부터 고성장 호경기의 여파로 전국적으로 유행했던 테마파크 건설붐도 버블경제가 붕괴되면서 도산하는 테마파크도 속속 등장했지만, 도쿄 디즈니랜드는 국내외 방문객수의 지속적인 증가세를 유지하며 꾸준한 성장세를 지속하고 있다. 2001년 3월에 오픈한 오사카의 유니버셜스튜디오 재팬과 경합하게 되었지만 연간 방문객수만 해도 유니버셜스튜디오 재팬의 2배를 뛰어넘는 압도적인 인기를 누리고 있다.

표 11 도쿄디즈니랜드 연령별 방문객 비율

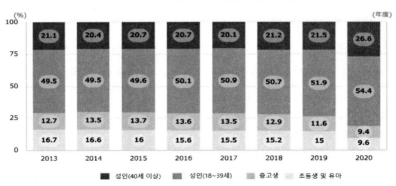

표 12 도쿄디즈니랜드 지역별 방문객 비율

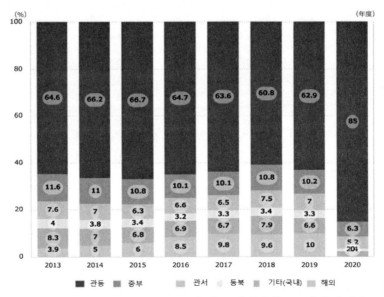

출처: 오리엔탈랜드 공식 홈페이지

　방문객들의 구성비도 최북단 홋카이도에서 최남단 오키나와까지, 지역별 세대별 골고른 분포를 보여주고 있으며 최근에는 중국 대만 한국 등 외국인 방문객 비중도 크게 늘어가고 있는 추세이다.

표 13 도쿄디즈니랜드 입장객 추이 변화

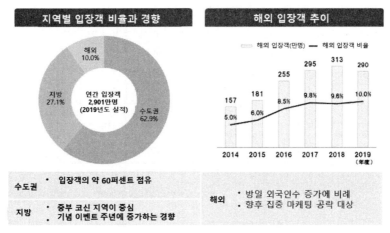

2021 (주)오리엔탈랜드 IR PT자료 참조

　　문화관광의 또 하나의 형태로 지역축제가 있다. 농경사회를 배경으로 선조나 자연신을 숭배하는 제의적, 종교적 성격이 강했던 지역축제는 농경사회에서 산업사회, 도시 문화권으로 변모해 문화적인 색채가 더욱 더 강해지면서 지역경제 활성화에 기여하고 있다.

표 14 축제의 전통적, 현대적 의미 비교

구성	전통적 의미의 축제	현대적 의미의 축제
성격	제의적, 종교적	복합적 문화생사
기능	제의, 일탈을 통한 카타르시스	유희, 체험, 여가선용, 놀이
배경	농경사회(마을)	산업사회(도시)
의미	종교적, 사회적, 정치적	경제적 효과, 관광자원

출저: 이주형 외(2010) 참조.

　　우리나라도 지역민들이 한 자리에 모여 놀이를 즐기고 제례의식을 치르는 등 지역주민의 단합을 도모하는 문화적인 행사로 출발한 지역축제가 1996년 지방자치제의 도입과 함께 전국적으로 매년 1천여 개의 크고 작은 지역축제가 개최되고 있다.

표 15 2020년 지역축제 개최현황

단위: 개

구분	합계	서울	부산	대구	인천	광주	대전	울산	세종	경기	강원	충북	충남	전북	전남	경북	경남	제주
총계	968*	81	45	38	19	8	8	23	2	110	97	40	98	57	122	86	95	39
(1.20~12월)	947*	80	45	38	19	8	8	23	2	110	90	38	93	56	121	85	93	38
개최완료	65	13	1	6	0	0	1	5	0	6	6	3	7	7	1	5	4	0
개최 중	34	3	0	2	3	2	0	0	0	8	4	3	4	0	0	4	0	1
개최취소	743	50	36	20	10	2	7	10	2	87	78	30	77	43	112	64	78	37
개최예정	58	10	2	6	3	2	0	4	0	8	0	2	2	3	3	8	5	0
개최연기	4	0	0	1	0	0	0	0	0	0	0	0	0	0	0	2	1	0
검토중	43	4	6	3	3	2	0	4	0	1	2	0	3	3	3	4	5	0

https://www.mcst.go.kr/kor/s_culture/festival/festivalList.jsp

전국의 지자체들은 이러한 지역축제를 통하여 관광객을 유치하는 한편, 지역 고유의 문화를 외지인들에게 소개하며 지역 이미지 제고와 홍보 등 문화관광 상품으로서 발전시키려고 노력하고 있어 지역경제 활성화에 크게 기여할 것으로 기대하고 있다.

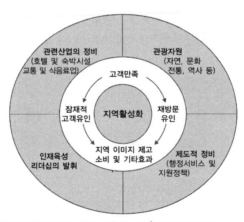

권병욱 · 권동극(2006), 「일본의 관광정책과 지역활성화-나가하마의 사례를 중심으로-」, 관광연구 21-2, 173-192

그림 120 관광과 지역 활성화 이미지

지방자치제가 도입된지 얼마되지 않은 우리나라에 비해 역사적으로 오랫동안 지방분권이 유지되어왔던 일본은, 지역축제를 지역사회를 통합할 수 있는 정치적인 수단으로 사용해오면서 이를 통해 국내 관광 활성화, 내수경기 진작 및 지역경제 활성화로 연결시키고 있다. 일본은 축제, 즉 '오마츠리(お祭り)의 나라'라고 불리울 정도로 전국에서 축제가 열리지 않는 달이 없을 정도이다. '삿뽀로 눈축제(札幌雪まつり)'와 같이 1950년에 시작된 짧은 역사에도 불구하고 세계 3대축제로 성장한 축제가 있는가 하면, 아오모리 '네부타 축제(靑森ねぶた祭)'처럼 오랜 전통을 간직하면서 일본인들에게 지속적으로 사랑을 받고 있는 축제도 있다. 또한, 벚꽃축제인 '사쿠라 마츠리(桜祭り)'는 매년 봄 미국의 수도 워싱턴 D.C.에서 열려 일본의 문화, 예술, 음식 등을 전 세계인에게 알리는 역할을 담당하고 있다. 이처럼 일본은 어느 나라와 비교해 보아도 지역축제가 가장 활성화된 나라로 내국인은 물론 외국인 관관객들조차도 지역으로 유인하며 지역 경제를 살리는 견인차 역할을 하고 있다.

표 16 2019년 방일 횟수별 방일목적 및 내역

訪日回數	比率(%)		
	全体	觀光・レジャー	業務
1回目	35.8	38.1	24.0
2回目	15.8	16.5	12.7
3回目	10.9	11.1	10.0
4回目	7.0	7.1	6.4
5回目	6.2	6.2	6.0
6~9回目	9.1	8.9	10.2
10~19回	8.5	7.4	13.2
20回以上	6.8	4.5	17.4

データ更新日:2020.8.5.0:58:56 UTC　　　　　　　　年: 2019, 国・地域: 全体

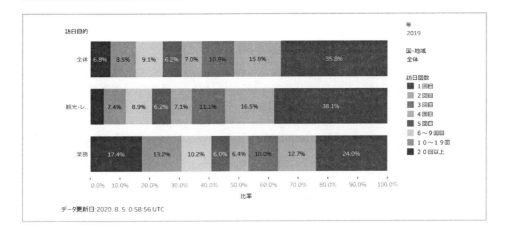

표 17 일본 연도별 지역별 외국인 숙박자수

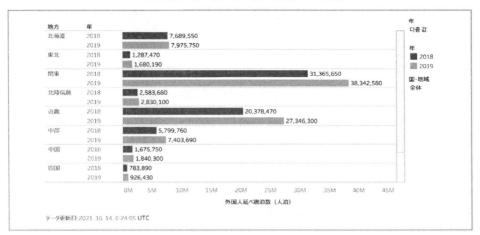

테마파크, 지역축제 등 문화관광에 있어서 리피터는 안정적인 경영 수익의 기반을 구성하는 매우 중요한 요소이다. 일반적으로 관광지는 생성단계, 성장단계, 발전단계, 그리고 마지막으로 성숙단계라고 하는 사이클을 거치게 되는데, 관광지로서 영속적인 발전을 거듭하며 성숙단계로 진입했느냐의 척도는 바로 리피터률에 달려 있다고 할 수 있다.

표 18 존 굿맨의 법칙(John Goodman)의 법칙과 컬처마이닝

제1법칙	불만을 기업에게 전달하고 고객 중에서 이에 대한 기업의 고객 대응에 대해 만족한 고객의 '재구입결정률'은 불만을 제기하지 않은 고객에 비해 높음
제2법칙	부정적인 체험은 긍정적인 체험의 2~4배 부정적인 게시글을 생산해 '나쁜 평판'은 확산하기 쉬움
제3법칙	기업이 고객에게 적절한 정보제공을 하는 것만으로도 고객과의 신뢰관계가 구축되어 긍정적인 게시글이 전파되어 구매와 시장 확대에 공헌함

존 굿맨 법칙의 근거가 된 두 차례에 걸친 실태조사(1975년~1979년, 1982년~1987년)가 비록 수십 년 전의 오래된 데이터라고 할지라도, 고객대응과 재방문율과의 상관관계를 매우 잘 보여주는 설득력 있는 근거로 아직까지 많은 시사점을 던져주고 있다.

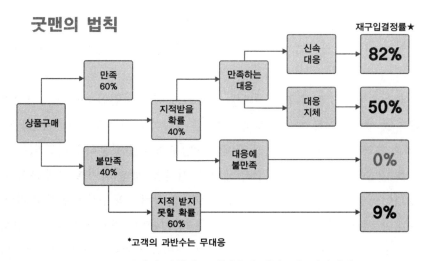

그림 121 굿맨의 법칙의 고객대응과 재방문율 상관관계

　고객의 선택지가 무궁무궁해진 작금, 첫 방문객이 바로 리피터로 이어지는 확률는 더욱 더 낮아졌고, 고객의 요구수준이 한층 더 높아지고 과거와 달리 불만족의 이유를 표시할 수 있는 채널은 더욱 더 다양해지고 있다. '존 굿맨 법칙'의 근거가 된 수십 년 전의 실태조사에 따르더라도, 어떤 사유로 1회성 방문에 그친 고객이 기업에 적극적으로 불만족의 이유를 제기했을 때 이에 대해 만족할만한 신속한 기업의 대응이 이루어졌을 경우 재방문으로 이어질 확률이 82퍼센트에 달한다. 또한, 기업 대응에 대한 불만족이 주변에 전파되는 확률이 만족한 경험 전파율의 2배~ 4배를 뛰어 넘는다는 사실은 지금으로서도 시사하는 바가 매우 크다. 당시 지금처럼 인터넷이 발달하지 못했다는 사실을 고려하면, SNS 채널 등에 의한 고객 소통이 당연시된 지금, 고객 대응이 기업의 명운을 좌지우지할 수 있다.

　관광지에 있어서도 다시 찾아오고 싶은 관광객의 수를 끌어올리기 위해서 숙박 및 편의시설, 뛰어난 자연경관 등 외형적인 요인도 중요하지만, 실제 관광객이 무엇을 목적으로 관광지를 방문하는지, 관광객이 느끼는 해당 관광지의 매력이 무엇인지, 관광지에서 경험한 불편, 불만 사항은 무엇인지 등을 명확히 할 필요가 있다. 관광지를 구성하는 다양한 요소 중에서 관광객이 어떤 요소에서 가치를 발견해 재방문의 의사가 생겼는지, 또한 불만족, 불편의 원인은 무엇인지에 대한 요인분석이 매우 중요해졌다. 명확한 요인분석은 어떤 계층에 대하여 어떻게 관광지의 매력을 어 필하면 보다 더 효율적이고 효과적으로 관광객을 유치할 수 있을지도 명확해지는 것이다.

전세계적인 불경기 속에서 그 여파를 가장 크게 받게 마련인 테마파크 산업임에 도 불구하고 개원 이래로 우상향의 방문객수를 자랑하고 있는 도쿄디즈니랜드의 성 장, 그리고 지역적 특색을 살려 국가 전체의 재방문객 수를 꾸준히 늘리고 있는 일본 의 지역축제, 오마츠리의 성공 비결은 세대별, 지역별, 성별, 국가별 고객 분석과 방 문객 개개인의 특성 및 요구에 대응한 맞춤형 접객 서비스의 구사를 통한 리피터 획 득전략이 만들어낸 결과라고 할 수 있다. 도쿄 디즈니랜드, 오마츠리 등 문화관광의 성공사례가 바로 세대별, 지역별, 성별 맞춤형 개인화 전략이 성공한 컬처마이닝의 실예로 우리에게 많은 시사점을 던져주고 있다.

[참고문헌]

강범모(2010), 「공기 명사에 기초한 의미/개념 연관성의 네트워크 구성」, 『한국어의미학』 32, pp.1-28.

고한석(2013), 『빅데이터 승리의 과학-빅데이터는 당신이 무엇을 선택할지 알고 있다-』, 이지스퍼블리싱.

곽기영(2018), 『웹스크레이핑과 데이터분석』, 도서출판 청람.

권병욱 · 권동극(2006), 「일본의관광정책과지역활성화-나가하마의사례를중심으로-」, 『관광연구』 21-2, pp.173-192.

김용섭(2013), 「외국어 교육과 문화 교육 통합을 위한 제언」, 『한국콘텐츠학회논문지』 13, pp.1069-1078.

김혜연(2020), 「공기하는 의미요소의 특징에서 본 「목욕」의 한일 이미지 대조연구-텍스트 마이닝 결과를 바탕으로-」, 『일본어학연구』 63, pp.153-167.

박귀순 외 5인(2013) 「창의적 · 도전적 융합연구 생태계 구축 을 위한 기초 융합연구 지원체계 수립에 관한 연구」, 『한국콘텐츠학회논문지』 13(12), p.221-234.

우종필(2017), 『빅데이터 분석대로 미래는 이루어진다』, 매일경제신문사.

유명기(1993), 「문화상대주의와 반문화상대주의」, 『비교문화연구』 1, pp.31-56.

에드워드 왕(김병순 역)(2018), 『젓가락』, 도서출판 따비.

이준서 · 한경수 · 노웅기(2020), 「빅데이터 기반 다중언어 문화이미지프레임망 구축 구상」, 『한국일본어학회』 65, pp.131-142.

이준서(2019), 「텍스트마이닝을 활용한 "ingestion_"프레임의 한 · 일 "ingestibles"에 관한 일고찰」, 『일본어학연구』 62, pp.127-137.

이준서(2018), 「한 · 중 · 일 공동연구에의 제안-언어와 문화-」, 『일본학연구』 55, pp.429-444.

이준서(2017), 「'Visit_host' 프레임의 일본어 문화이미지프레임(CIF) 구성에 관한 일고찰」, 『일어일문학연구』 101, pp.1-15.

이준서 · 한경수(2016), 「다국어 '문화요소추출시스템(CEMS)' 개발 구상」, 『일어일문학연구』 99, pp.289-304.

이준서(2015), 「'문화이미지프레임(CIF)' 도입을 통한 일본어교육의 효율성 제고 가능성에 대한 일고찰」, 『일어일문학연구』 94, pp.373-386.

이준서(2014), 「일본어학을 기반으로 한 학제간융합연구(Interdisciplinary Research)의 확장 가능성에 대한 일고찰」, 『일어일문학연구』 90, pp.143-157.

이준서 · 노웅기(2014), 「제스쳐링(gesturing)'을 통한 일본어 동작동사 구현 및 습득을 위한 모바일 어플리케이션 개발」, 『일본학보』 100, pp.241-251.

이준서(2013), 「틀의미론(Frame Semantics)에 입각한 일본어 'ingestion'동사의 '문화 이미지 프레임(Cultural-Image-Frame)' 연구」, 『일본연구』 20, pp.51-66.

이준서(2012), 「일본어교육용 웹 이미지사전의 효과성 검증」, 『일본학연구』 35, pp.379-397.

이준서 · 한경수(2011), 「일본어교육용 이미지 검색엔진 구축」, 『일본어교육연구』 20, pp.159-169.

한국지능정보사회진흥원(NIA), 『인공지능 학습용 데이터셋 구축 안내서』, 2021.2.

한국정보통신기술협회(TTA), 『인공지능 데이터셋 구축 가이드북』, 2019. 11.

大島建彦(1971), 『日本を知る事典』, 社会思想社.

坂本太郎(외校注), 『日本書紀』, 岩波文庫.

細川英雄(2000), 「ことはと文化はどのように教えられてきたか-『日本 事情』教 育研修小史の試み-」, 『早稲田大学日本語研究教育センタ-紀要13』, pp.103-112.

末田清子・福田浩子(2003), 『コミュニケーション学 その展望と視点』, 松柏社 pp.110-120.

長沢伸也(2018), 「感性工学と感性評価と経験価値」, 『感性工学』 16-3.

ルイス・フロイス(岡田章雄訳注) (1991), 『ヨーロッパ文化と日本文化』, 岩波文庫.

宮崎正勝(2006), 『知っておきたい「食」の世界史』, 角川文庫.

Agar, M. (1994), The Intercultural Frame, The International Journal of Intercultural Relations, 18, pp.221-237.

Bennett, M. J.(1997), How Not to Be a Fluent Fool: Understanding the Cultural Dimension of Language. In A. E. Fantini (Ed.). New Ways in Teaching Culture, pp.16-21.

Church, K., W. Gale, P. Hanks, and D. Hindle (1991), "Using Statistics in Lexical Analysis", in U. Zernik (ed.), Lexcial Acquisition: Exploiting on-line resources to build a lexicon. Hilldale: Lawrence Erlbaum, pp.115-164.

Croft, W. B., Metzler, D., & Strohman, T. Search engines: information retrieval in practice, Pearson Education Corporate, 2009.

D. Blei, L. Carin, and D. Dunson(2010). "Probabilistic topic models", IEEE signal processing magazine, Vol.27, No.6, pp.55-65.

ESP(European Science Foundation, EU), European Peer Review Guide, www.esf.org, 2011.

Fantini, A. E. (1995), Introduction -Language, Culture and World View: Exploring the Nexus. The International Journal of Intercultural Relations, pp.19:2, Special Issue.

Fillmore C(1977). Scenes-and-frames semantics. Linguistic Structures Processing, 55-81.

Fillmore Charles, J.(1975), An Alternative to Checklist Theories of Meaning, Proceedings of the First Annual Meeting of the Berkeley Linguistics Society, 123-131.

Fillmore Charles, J.(1975), An alternative to checklist theories of meaning, In: Proceedings of the First Annual Meeting of the Berkeley Linguistic Society, Berkeley Linguistic Society, Berkeley, CA, 123-131.

J. Lee, M. Lee, and J. Kim(2019). "A study on Korean language processing using TF-IDF", Korea Associationof Information Systems, Vol.28, No.3, pp.105-121.

J. Lee and J. Rha(2015). "Exploring Consumer Responses to the Cross-Border E-Commerce using Text Mining", Journal of Consumer Studies, Vol.26, No.5, pp.93-124.

Maldonado-Guerra A. and Emms M.(2012), "First-order and second-order context representations: geometrical considerations and performance in word-sense disambiguation and discrimination", Proceeding of JADT 11th International Conference on the Statistical Analysis of Textual Data, pp. 676-686.

Michael Byram & Carol Morgan (1994) Teaching-and-Learning Language-and-Culture. pp.4-39.

S. Park(2016). "Analysis of Social Media Contents about Broadcast Media through Topic Modeling", Journal of Information Technology Services, Vol.15, No.2, pp.81-92.

T. Talhelm & X. Zhang.(2014), Large-Scale Psychological Differences Within China Explained by Rice Versus Wheat Agriculture, Science 344 pp.603-608.

Un Yong Nahm & Raymond J.(2002), Text Mining with Information Extraction, SpringSymposium on Mining Answers from Texts and Knowledge Bases, pp.1-8

저 자 약 력

이준서

- 고려대학교 일어일문학과 학사
- 고베대학교 문학연구과 석사
- 고베대학교 문화학연구과 박사
- 현) 성결대학교 글로벌경영기술대학 학장
　　　　　글로벌물류학부 교수
　　　　　문화프레임빅데이터연구소 소장

R 컬처마이닝(CULTURE MINING)

초 판 인 쇄	2021년 05월 25일
초 판 발 행	2021년 05월 31일

저　　　자	이준서
발 행 인	윤석현
발 행 처	박문사
책 임 편 집	최인노
등 록 번 호	제2009-11호

우 편 주 소	서울시 도봉구 우이천로 353 성주빌딩
대 표 전 화	02) 992 / 3253
전　　　송	02) 991 / 1285
홈 페 이 지	http://jncbms.co.kr
전 자 우 편	bakmunsa@hanmail.net

ⓒ 이준서 2021 Printed in KOREA.

ISBN 979-11-8929-276-8　13000　　　　　　　　　　　　　　정가 15,000원